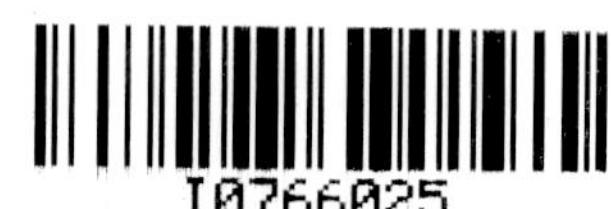

Ce livre appartient à

____

____

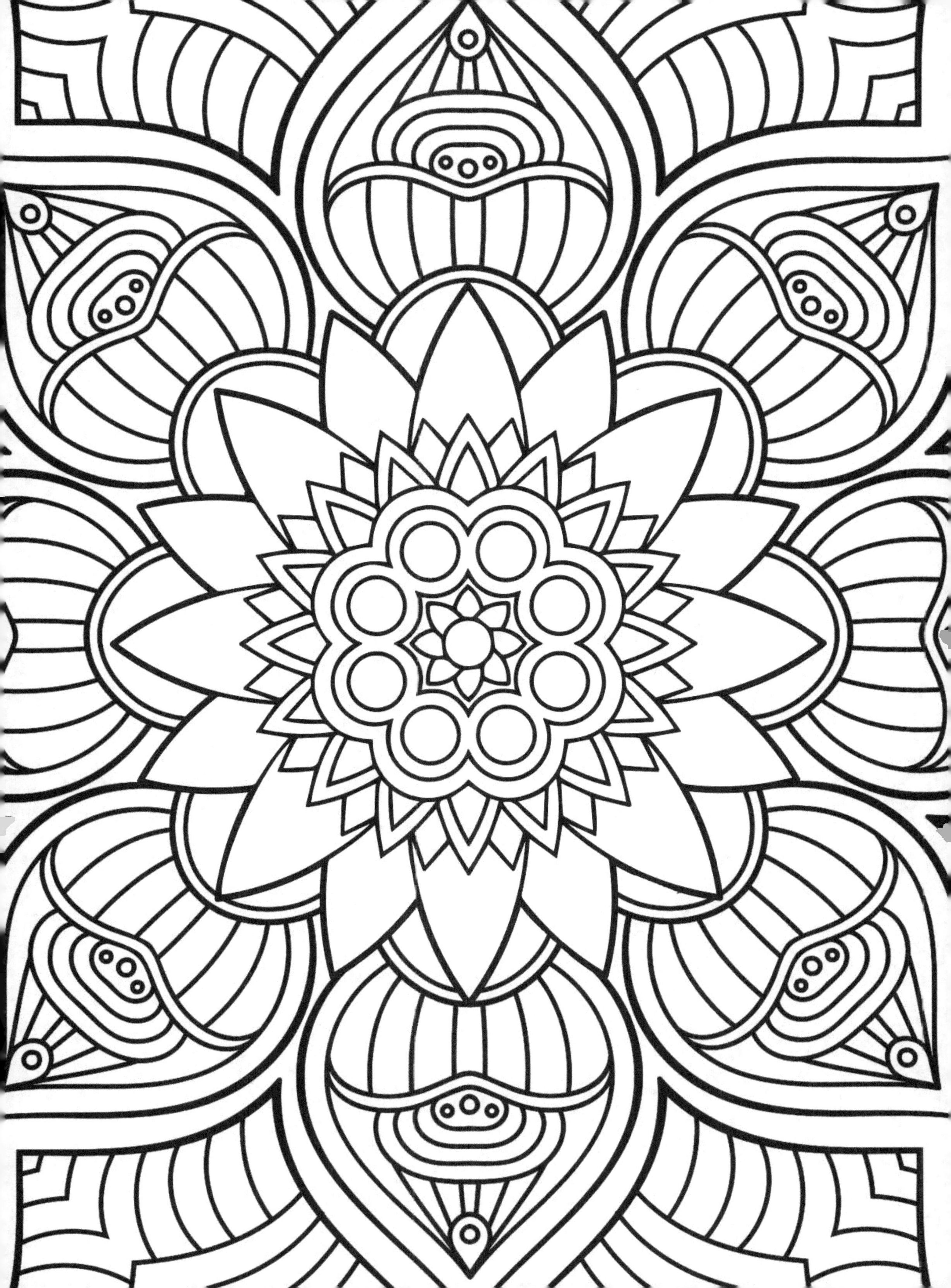

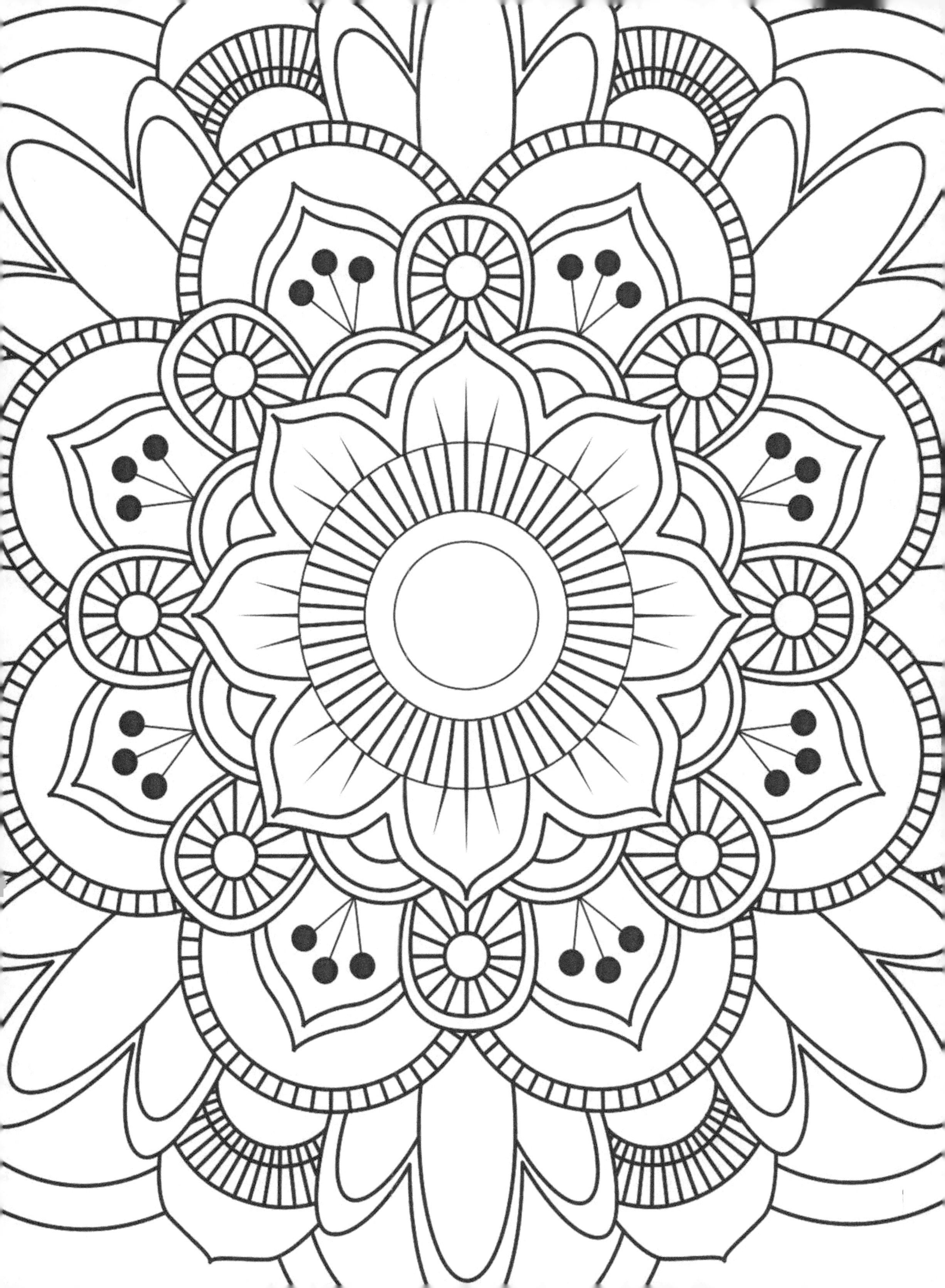

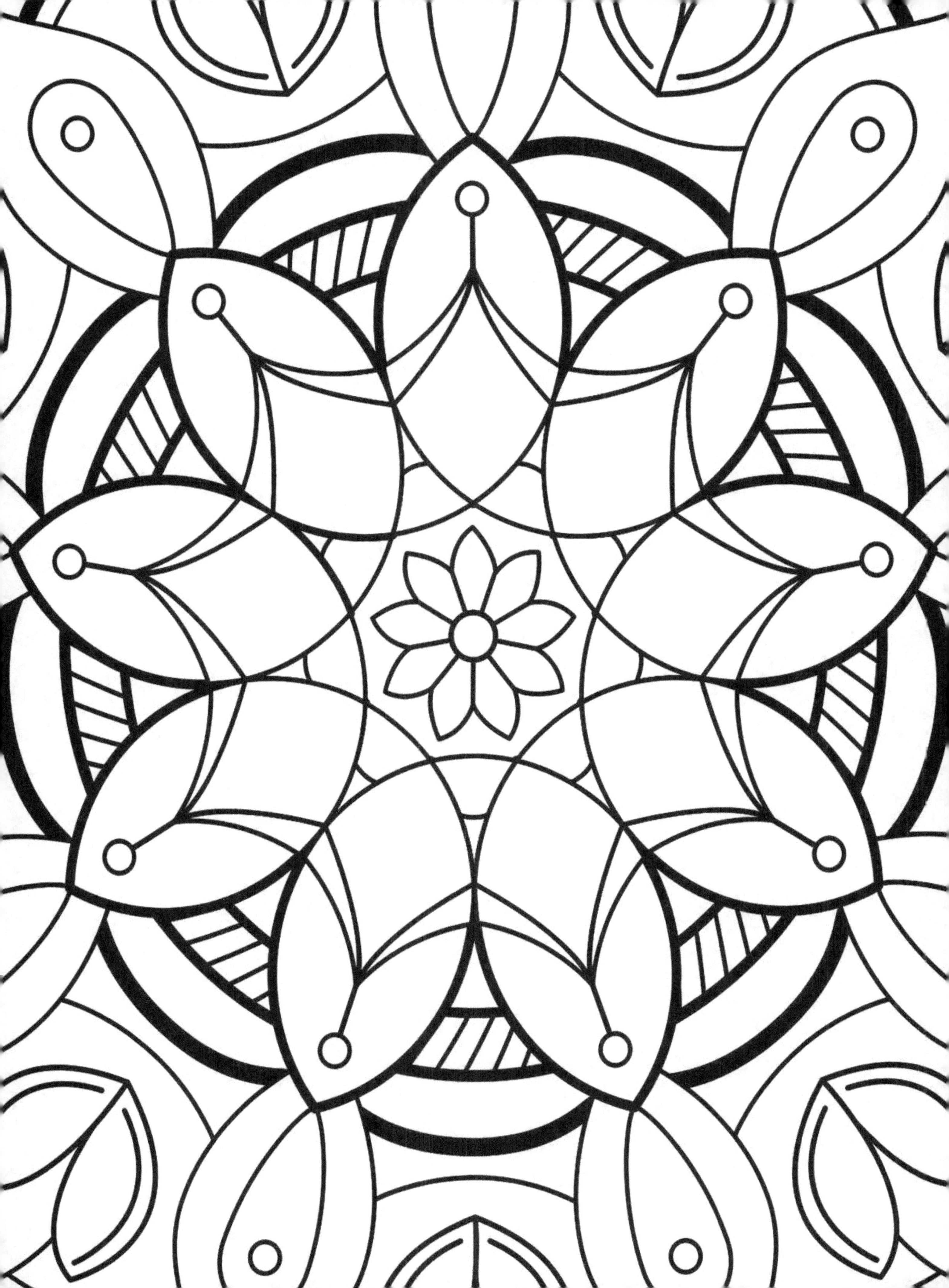

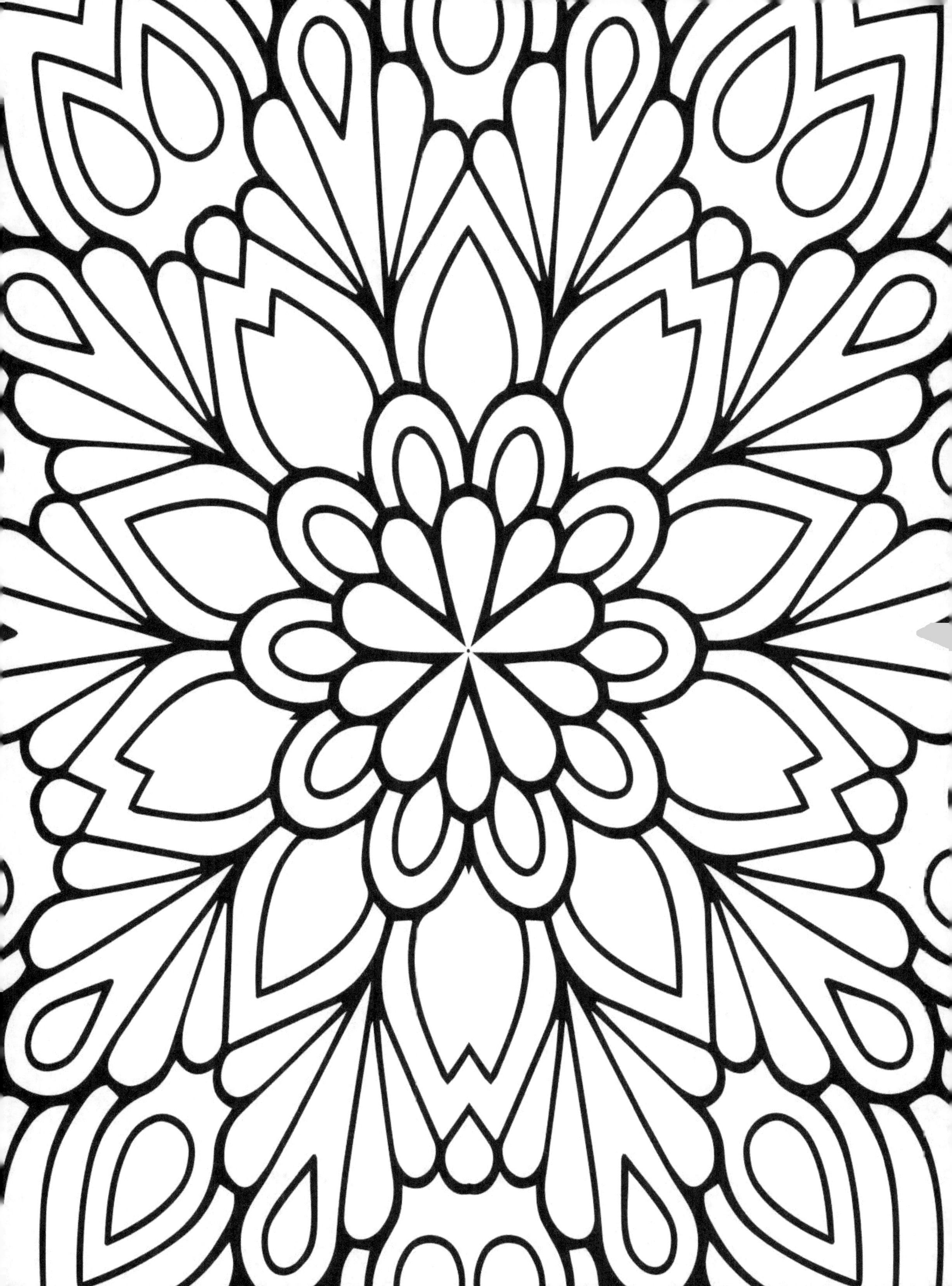

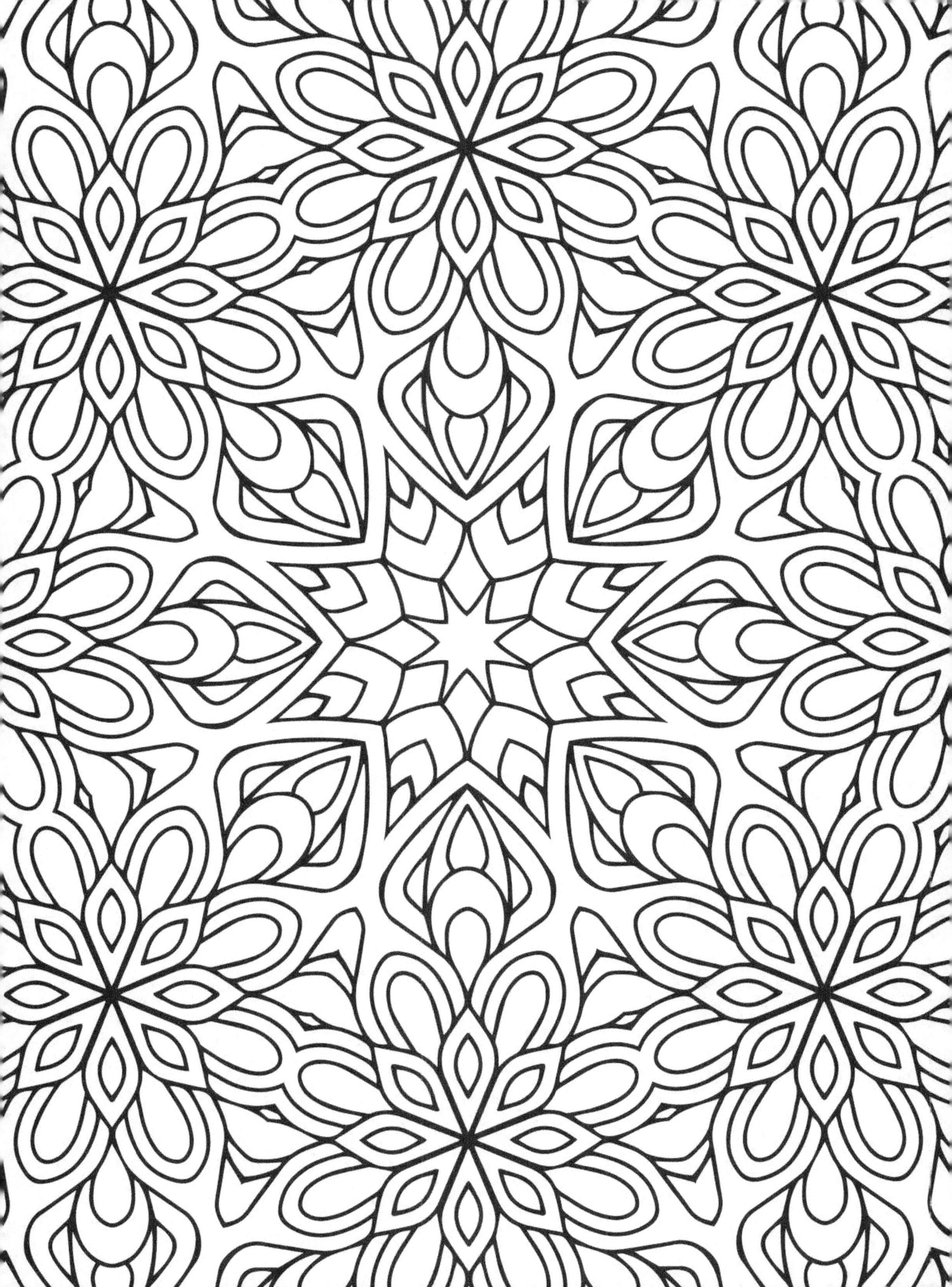

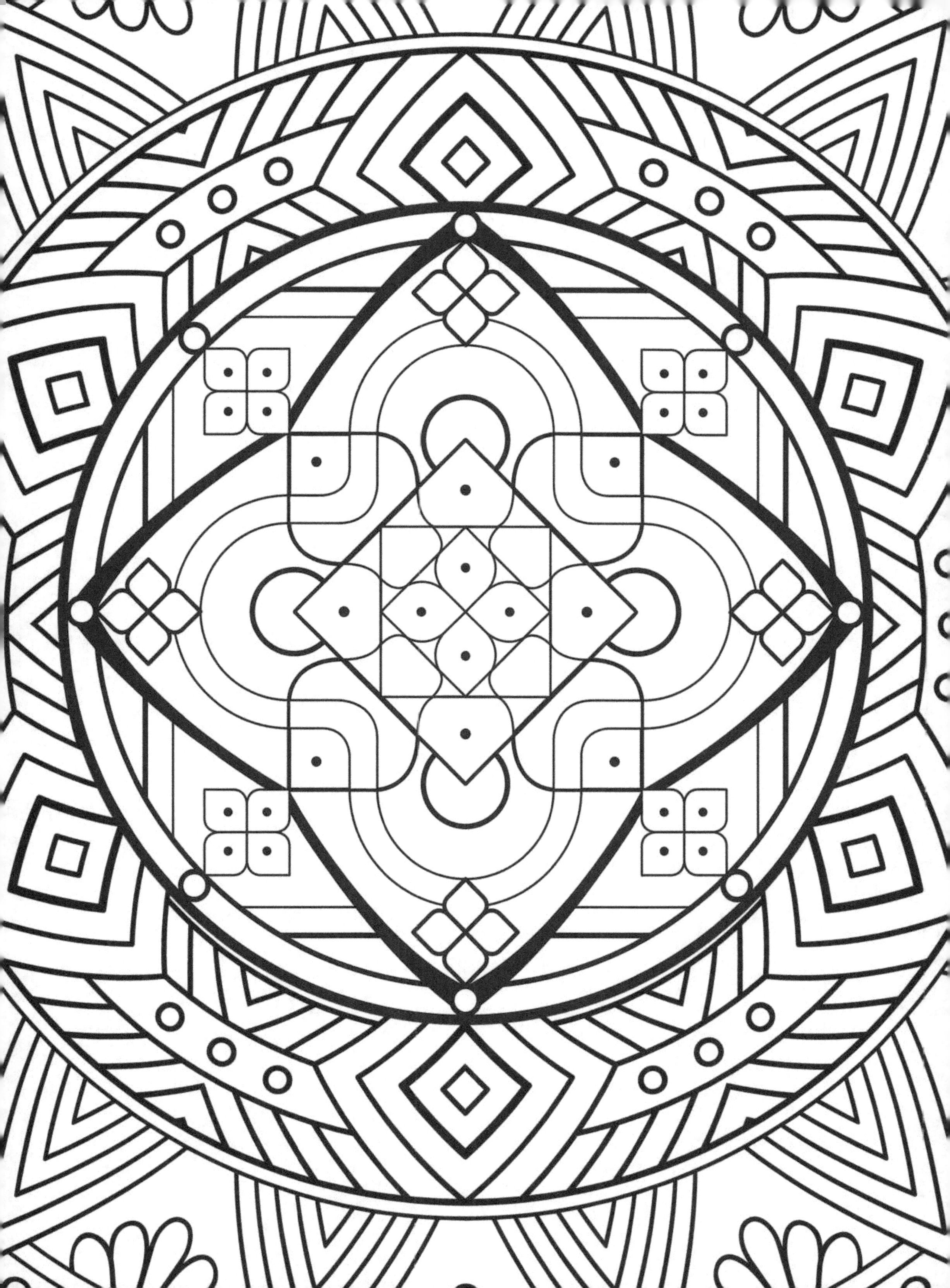

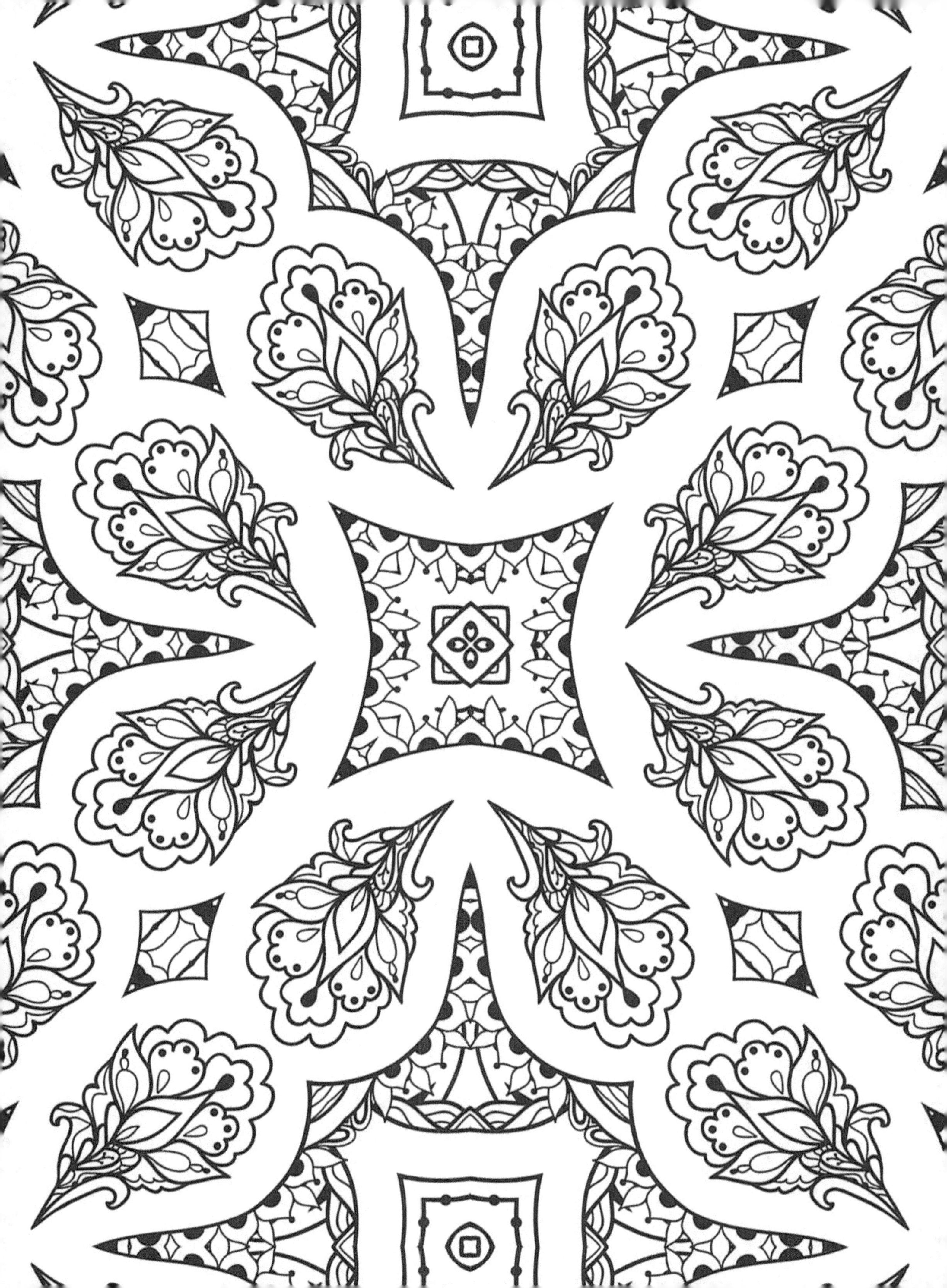

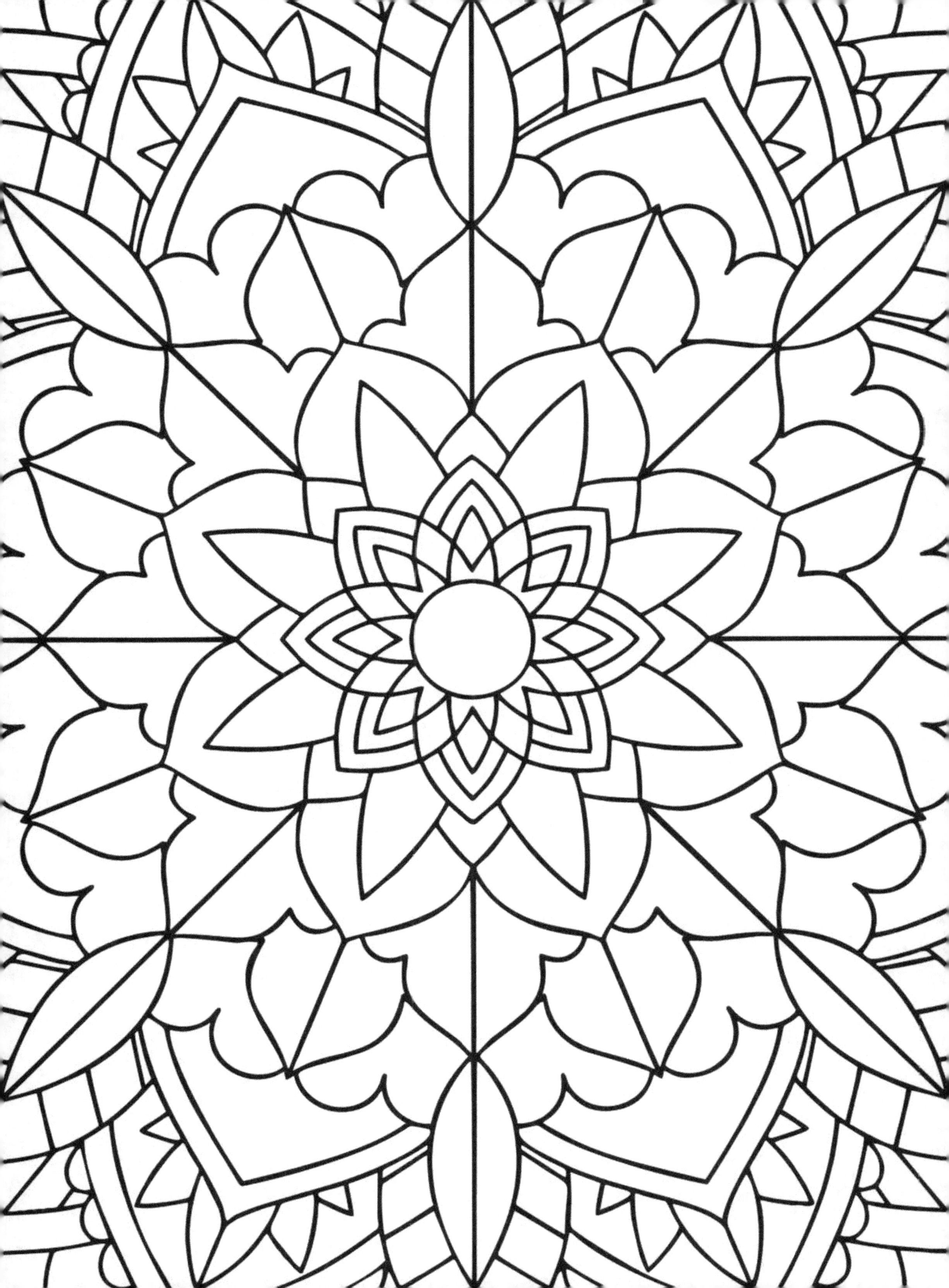

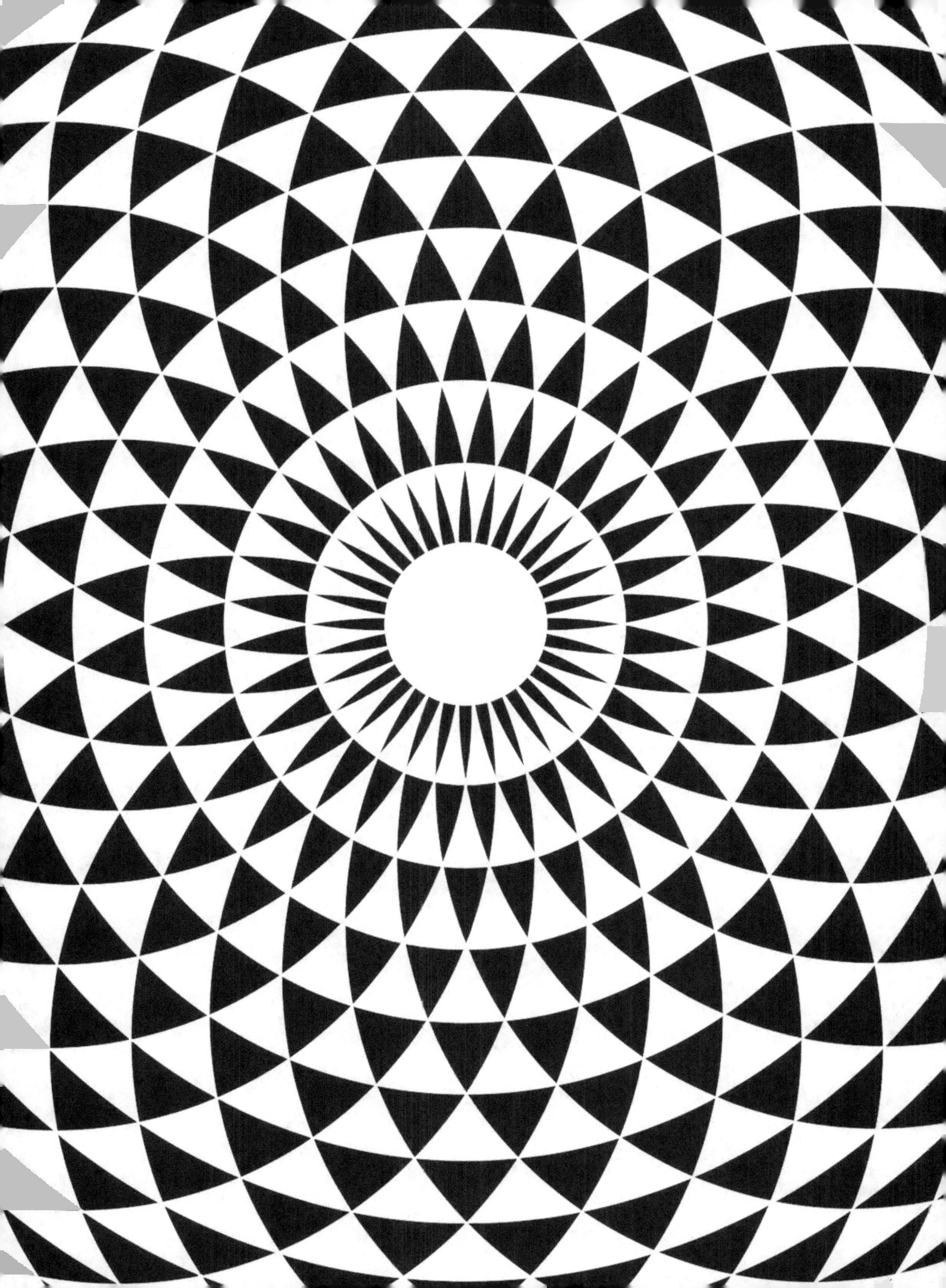

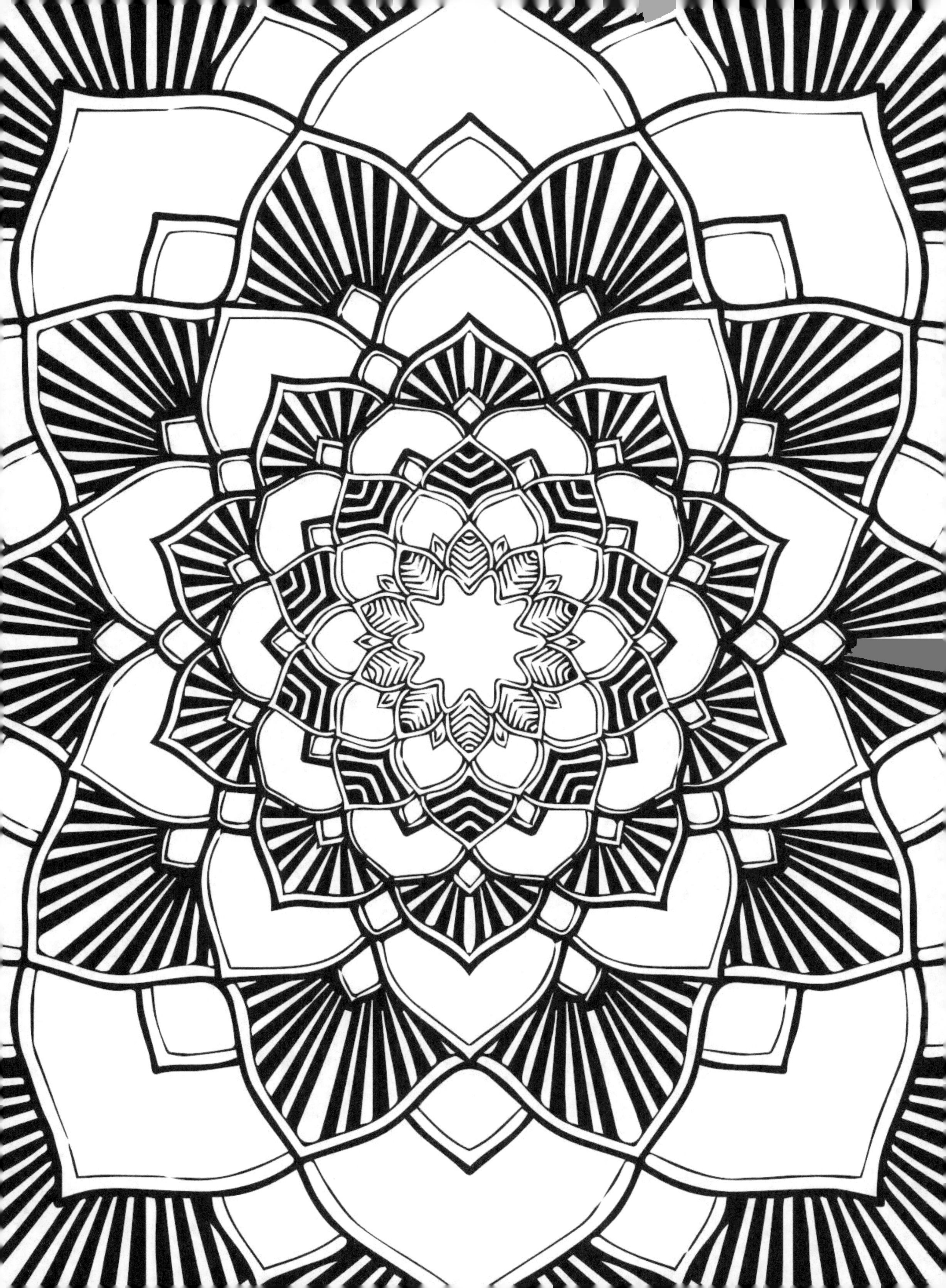

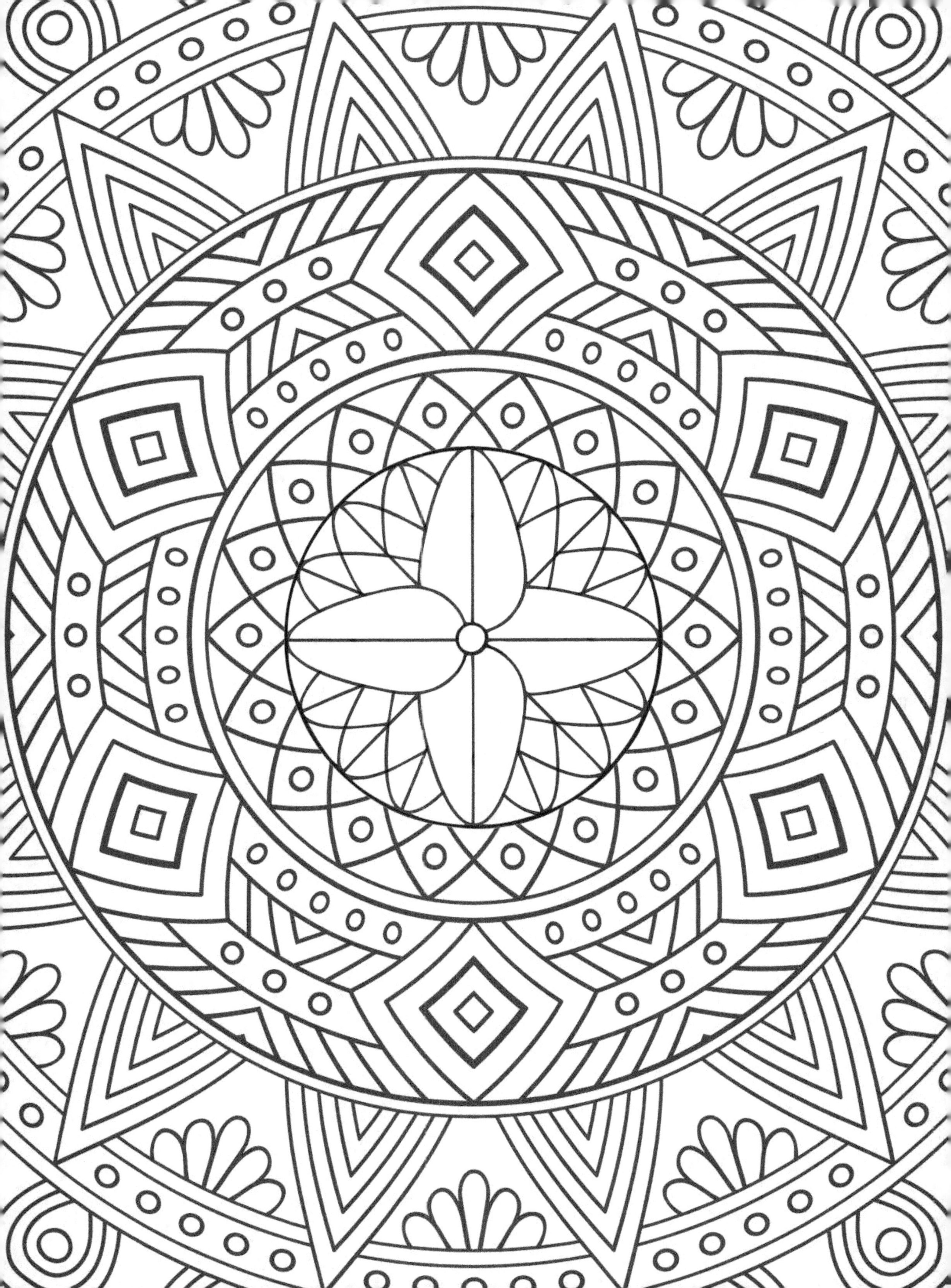

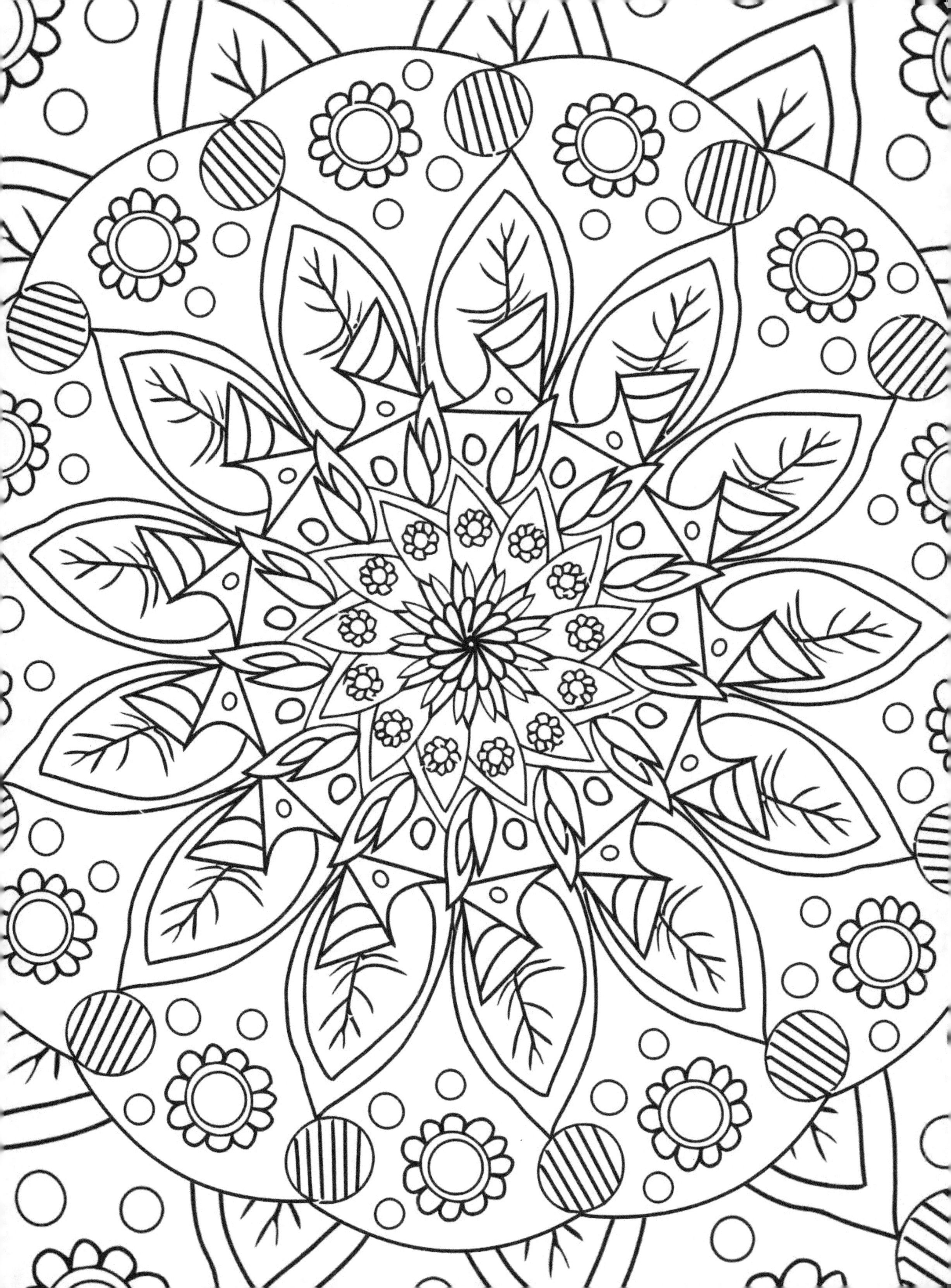

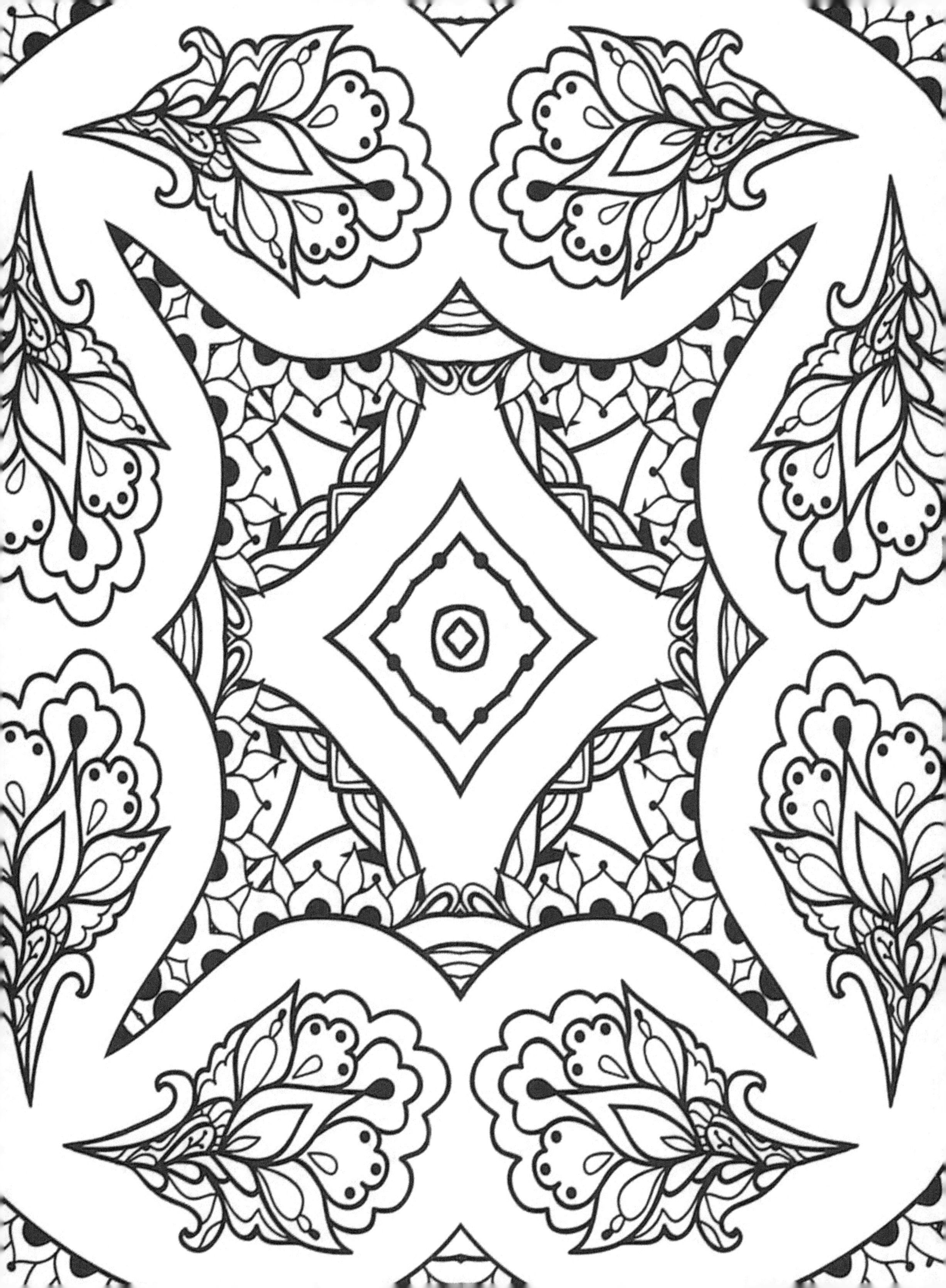

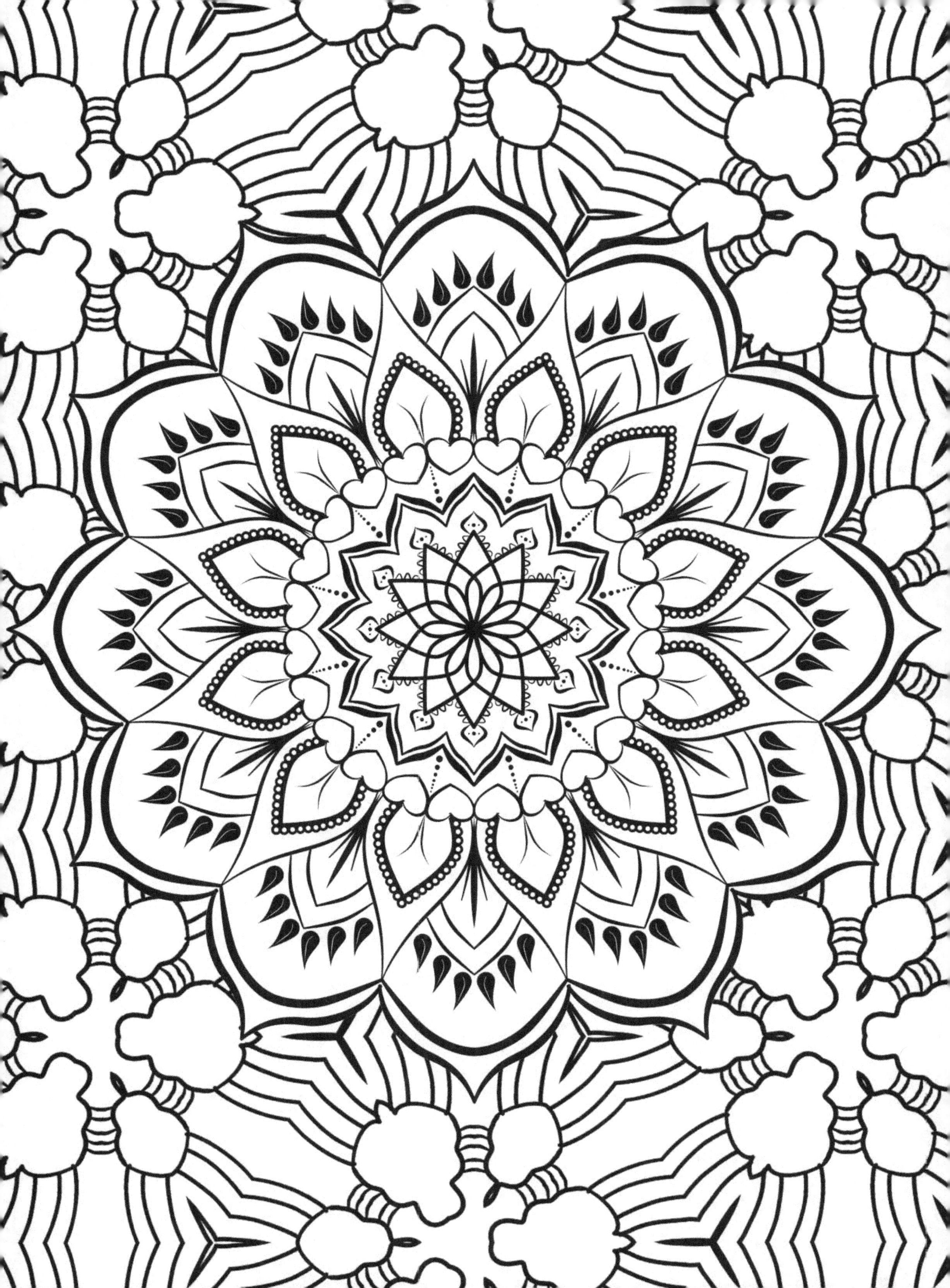

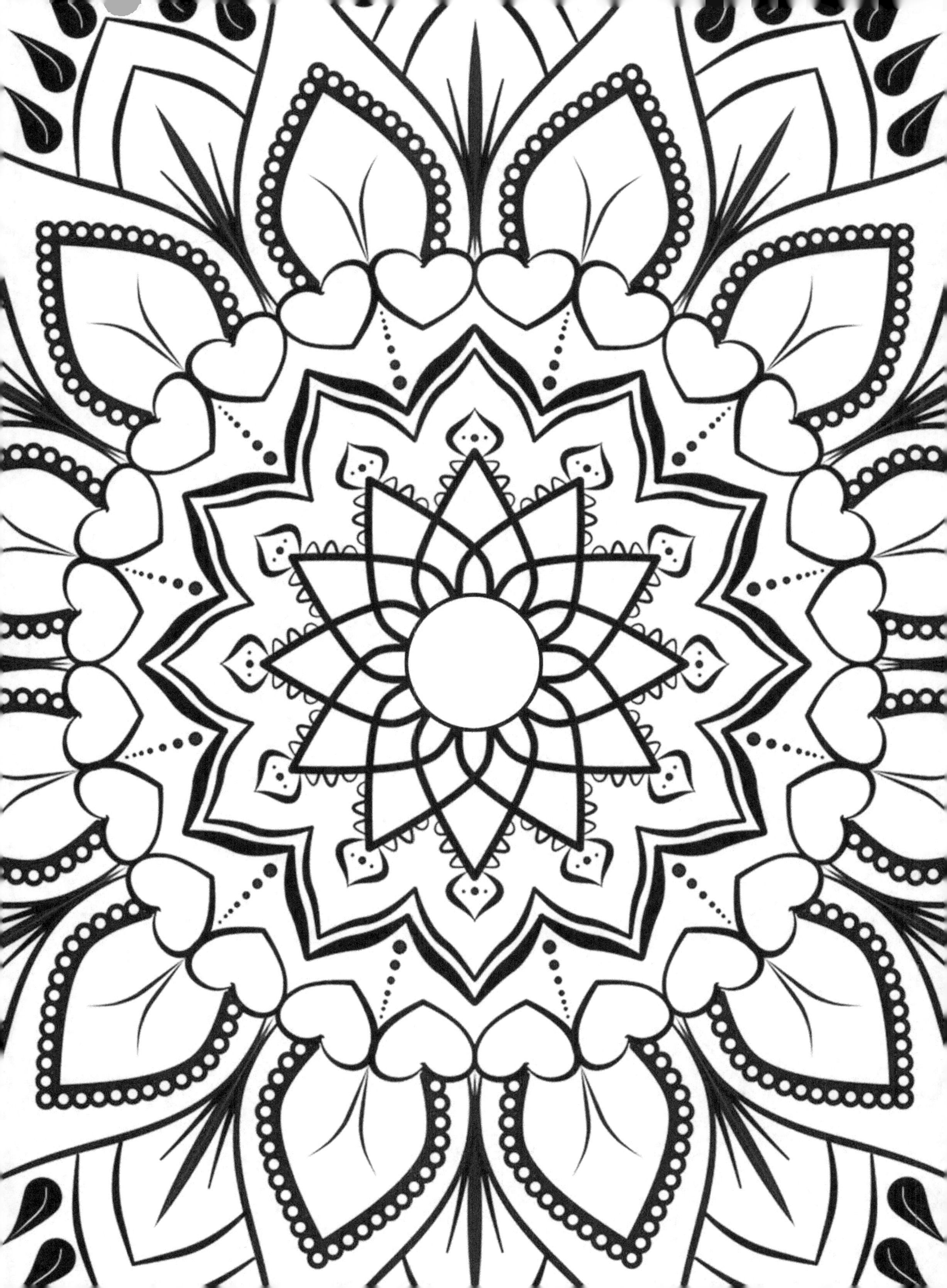

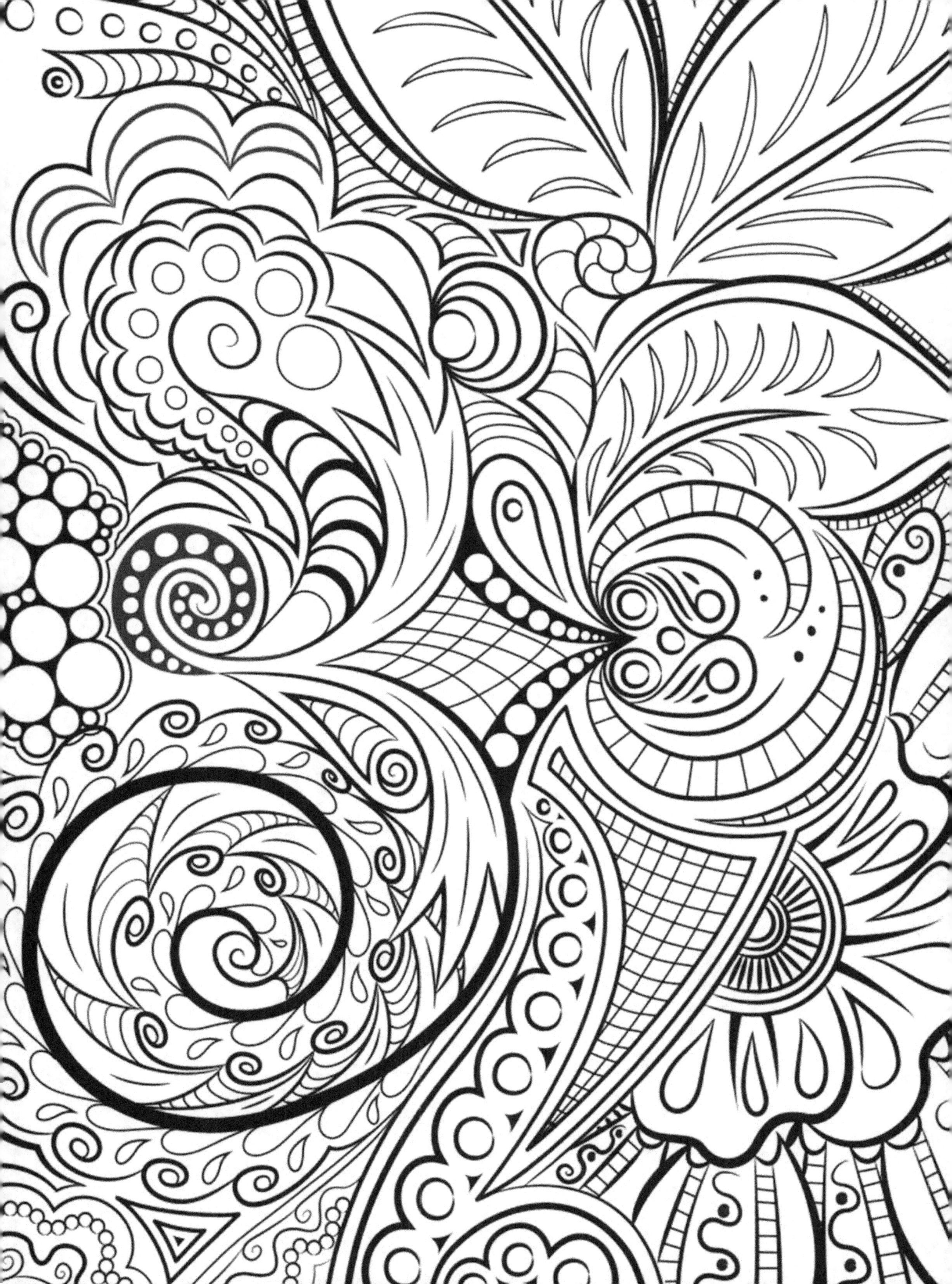

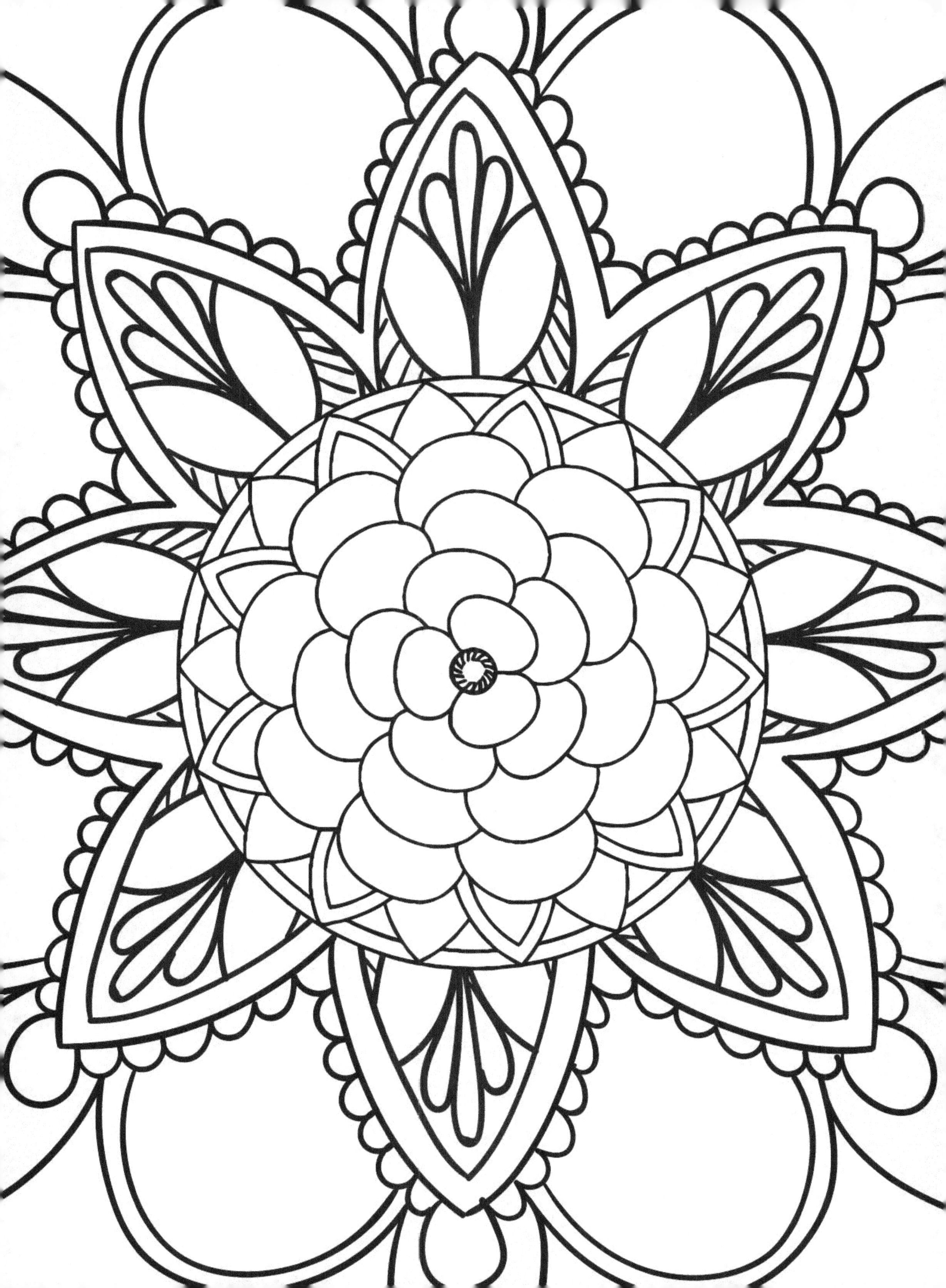

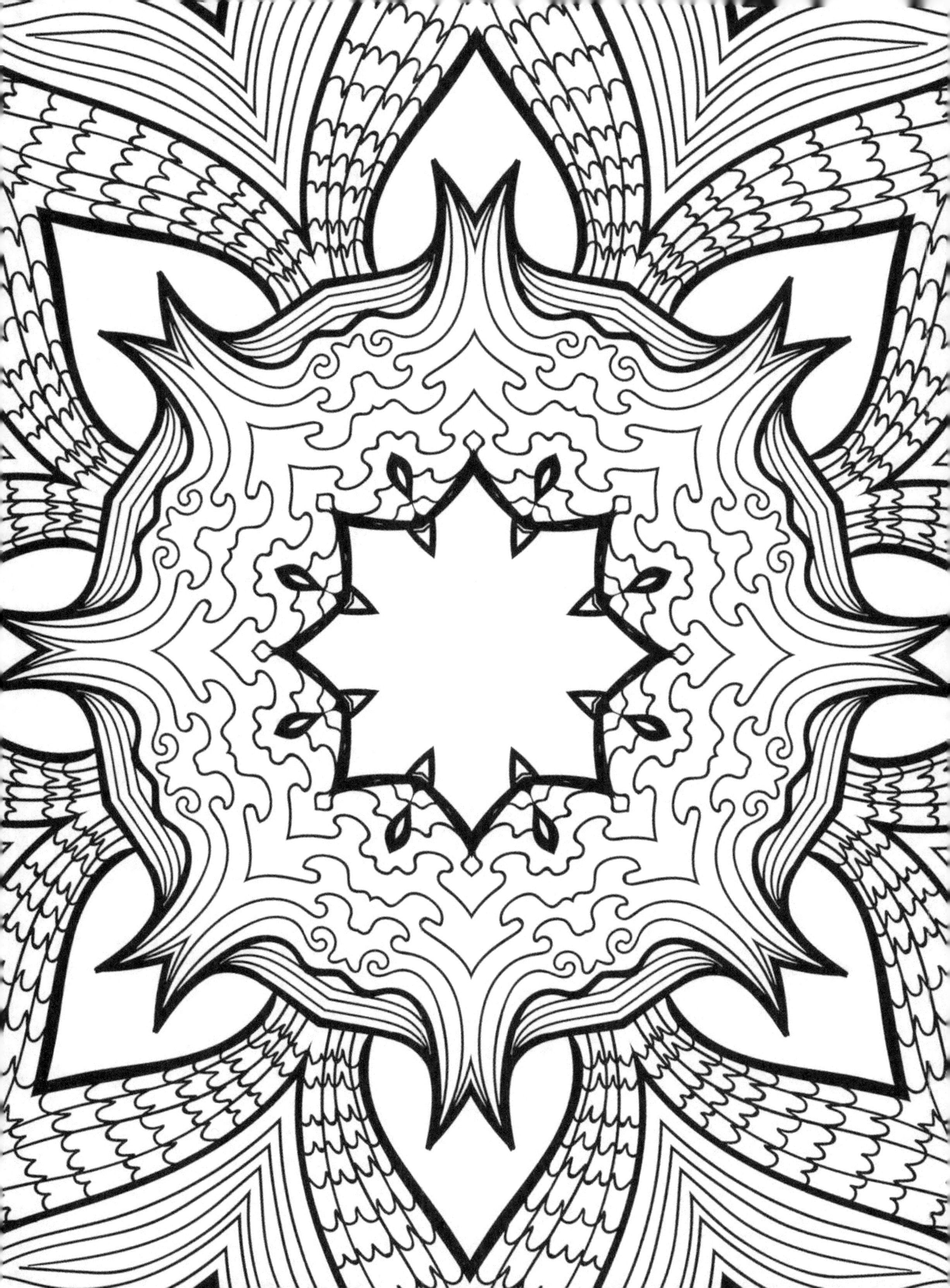

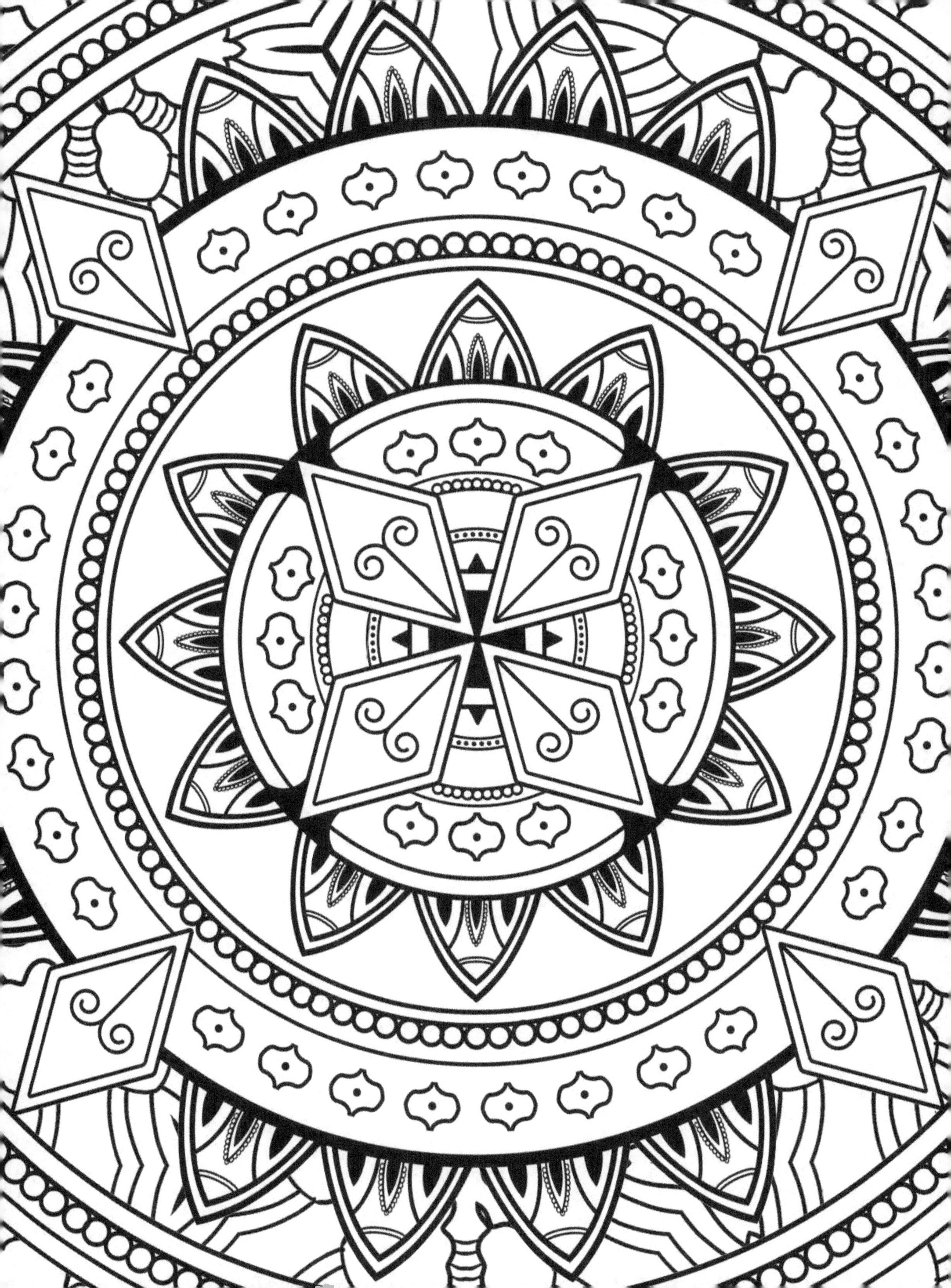

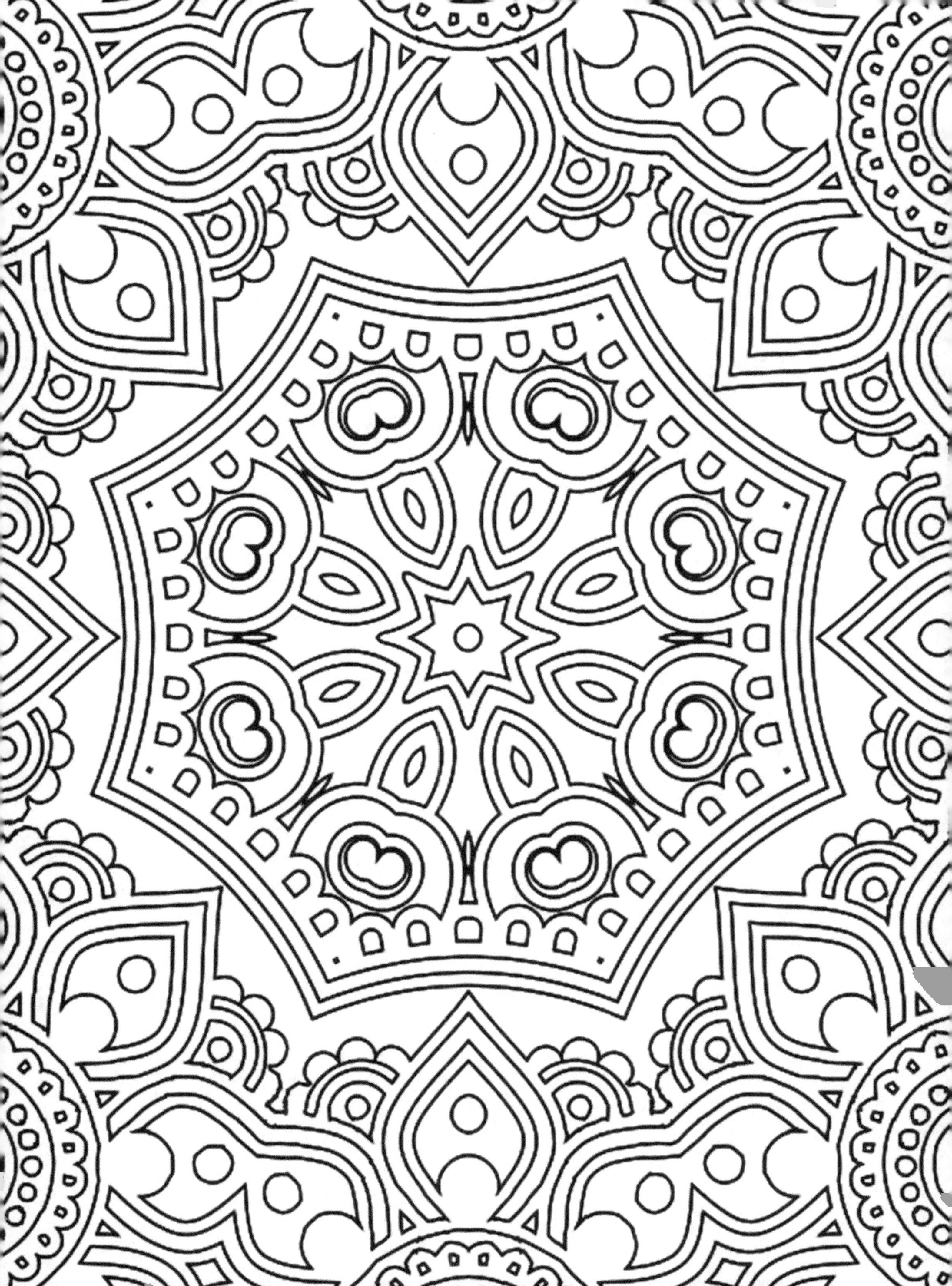

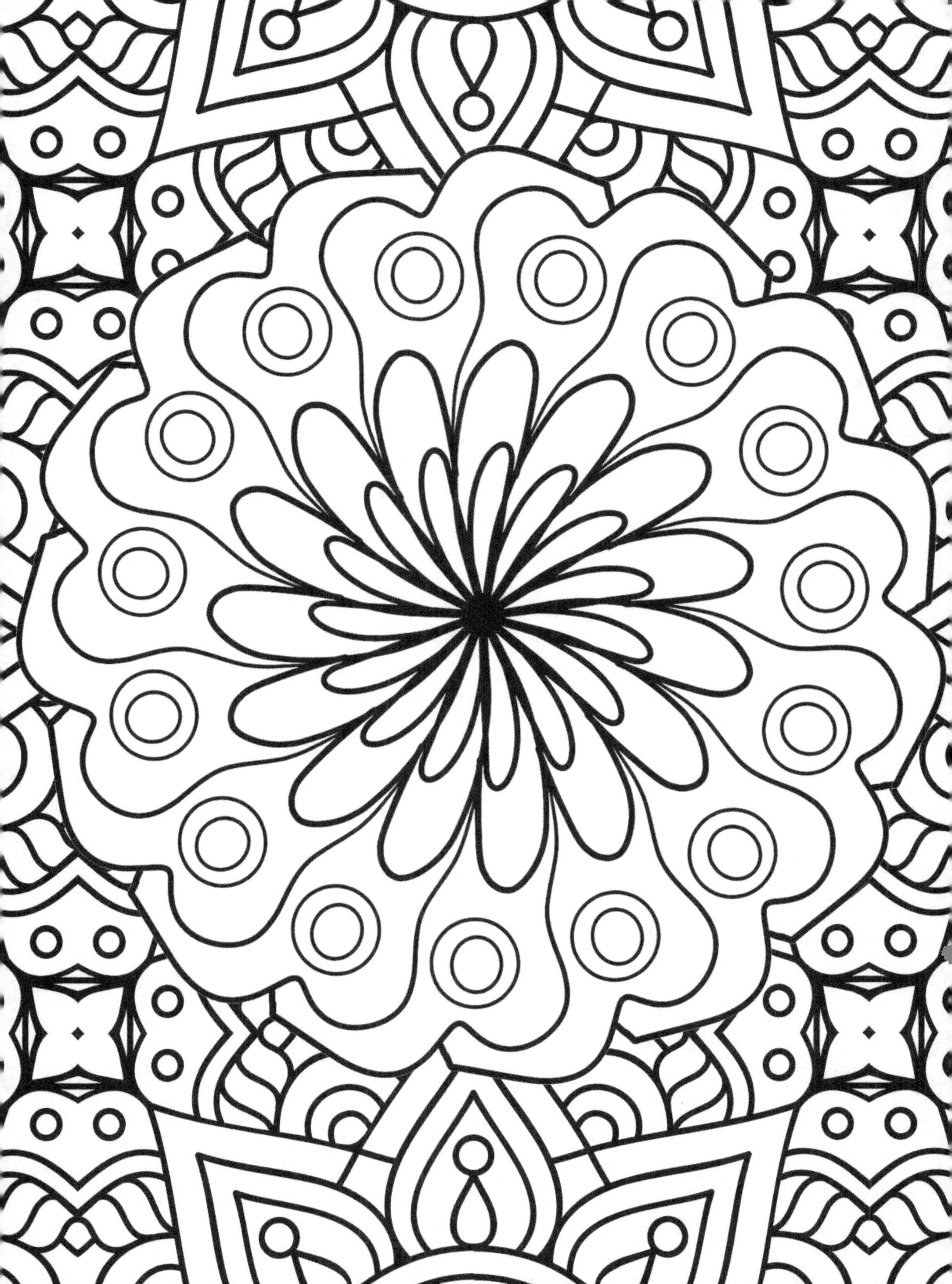

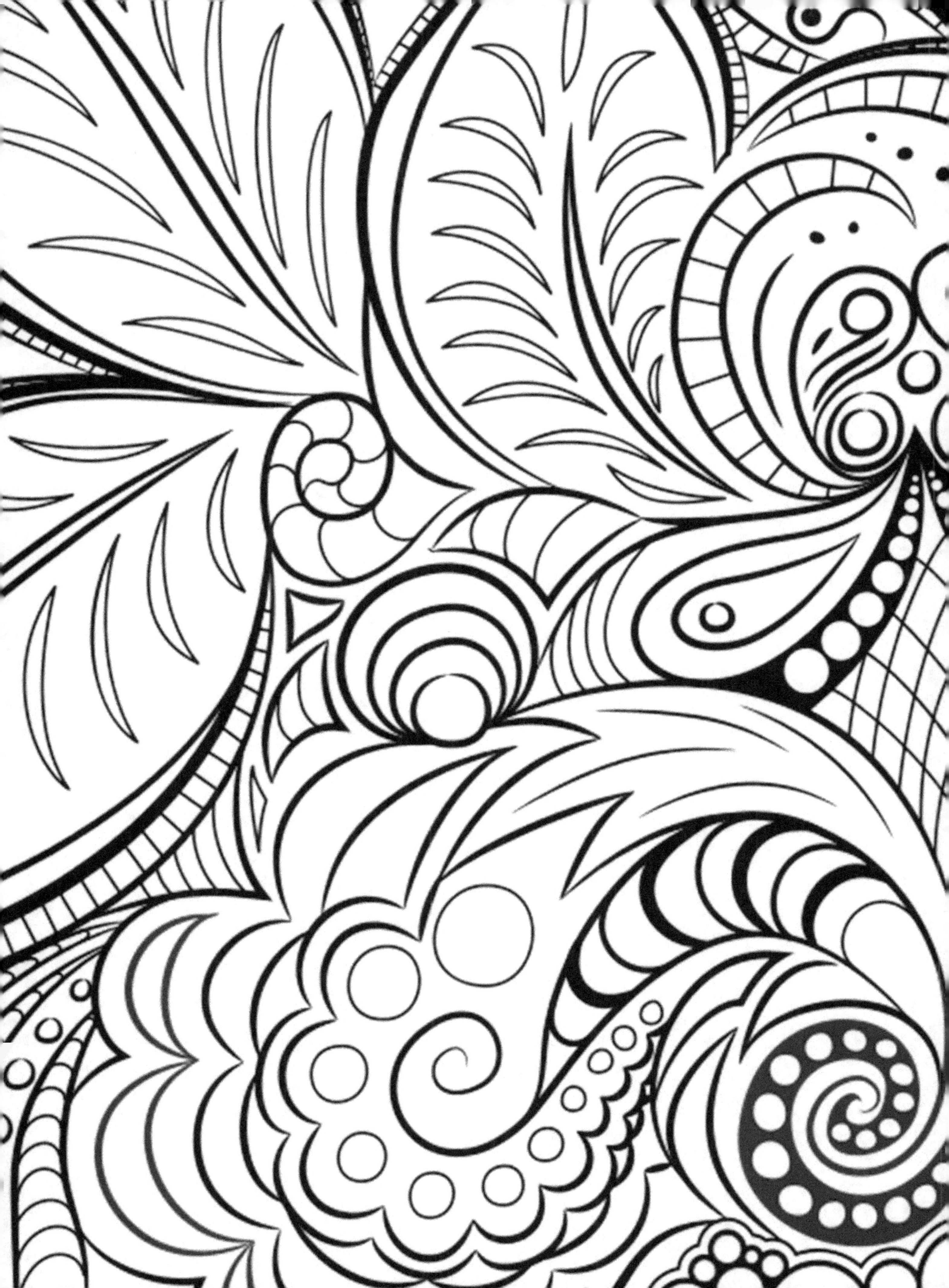

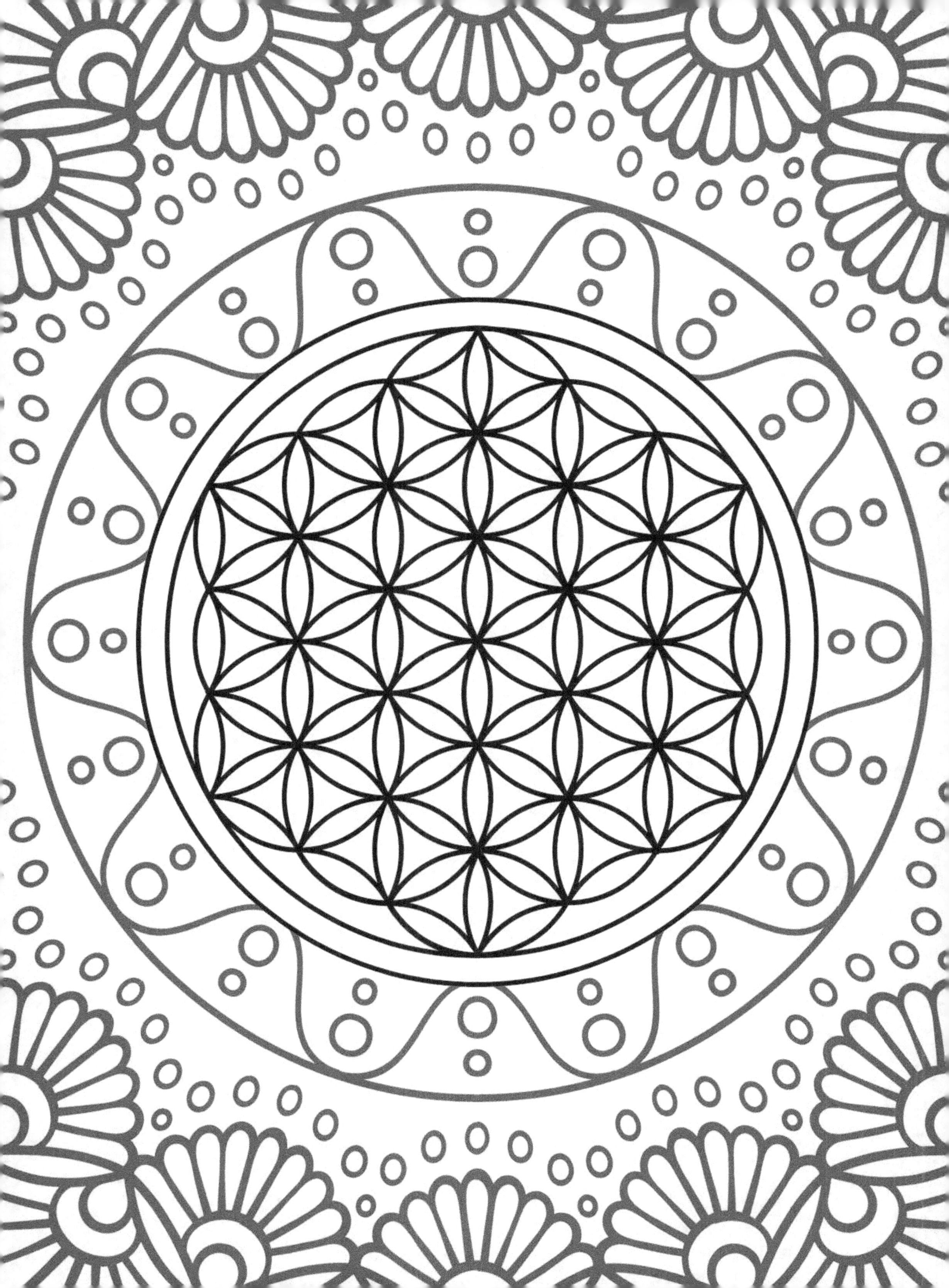

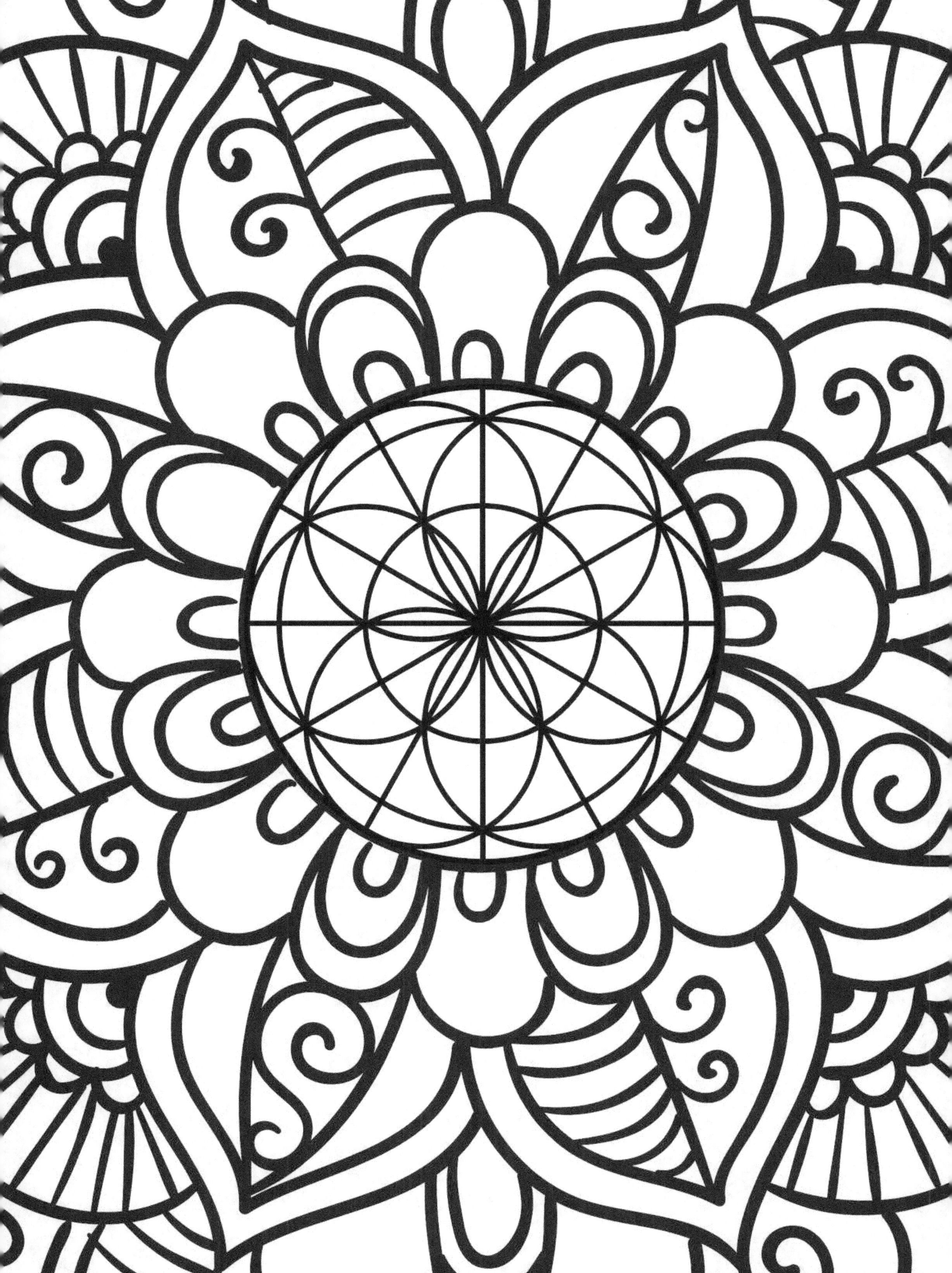

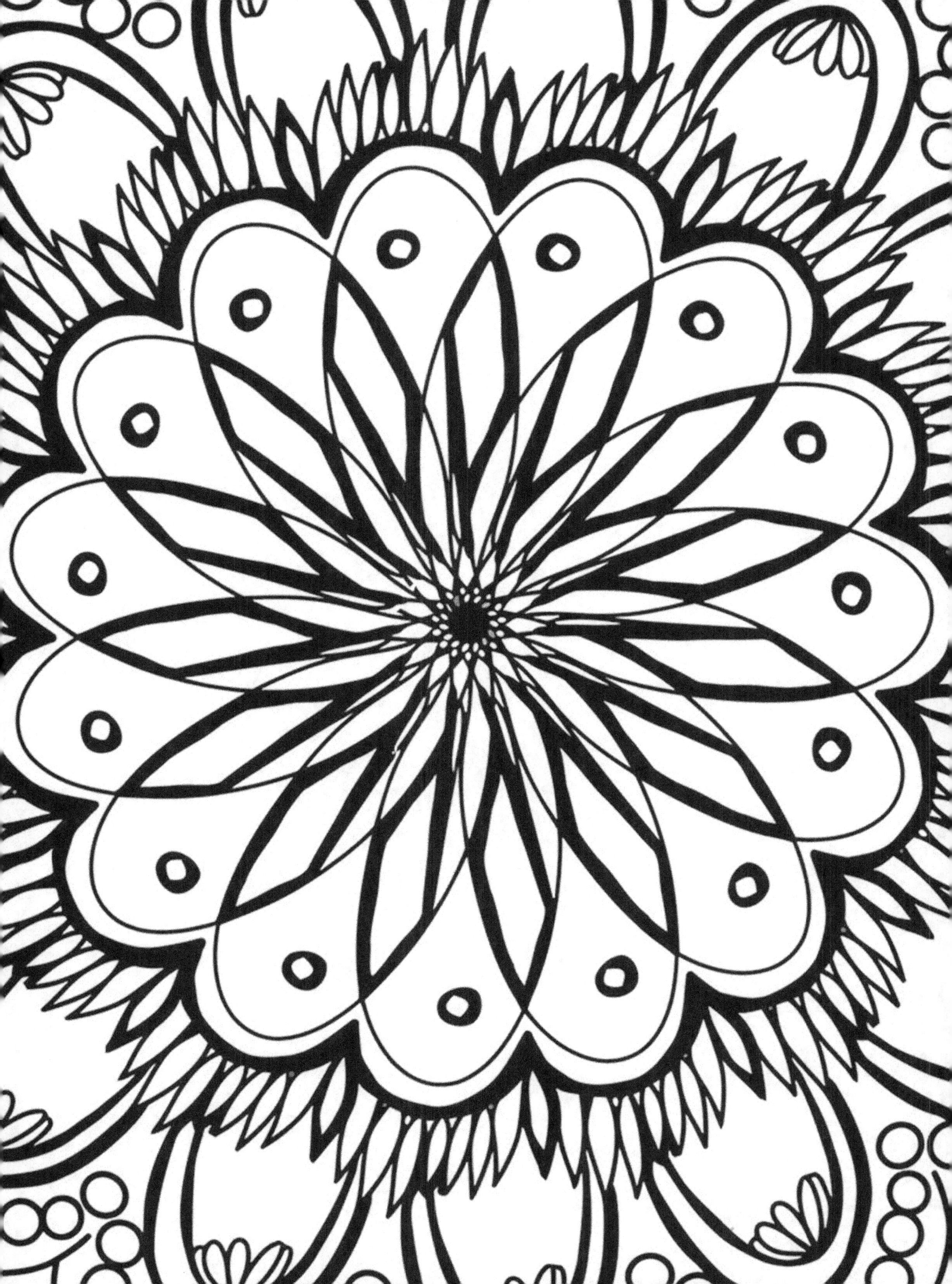

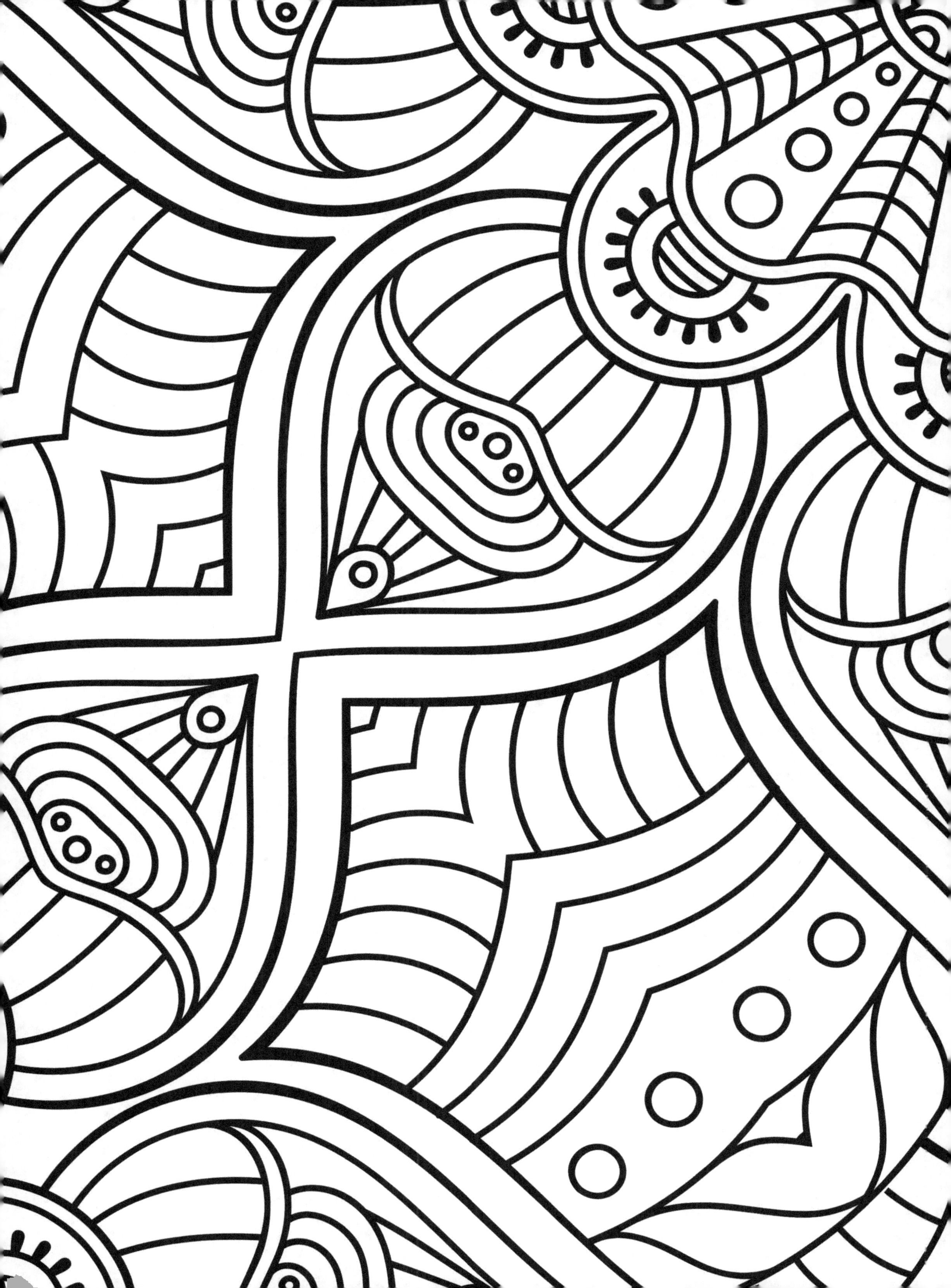

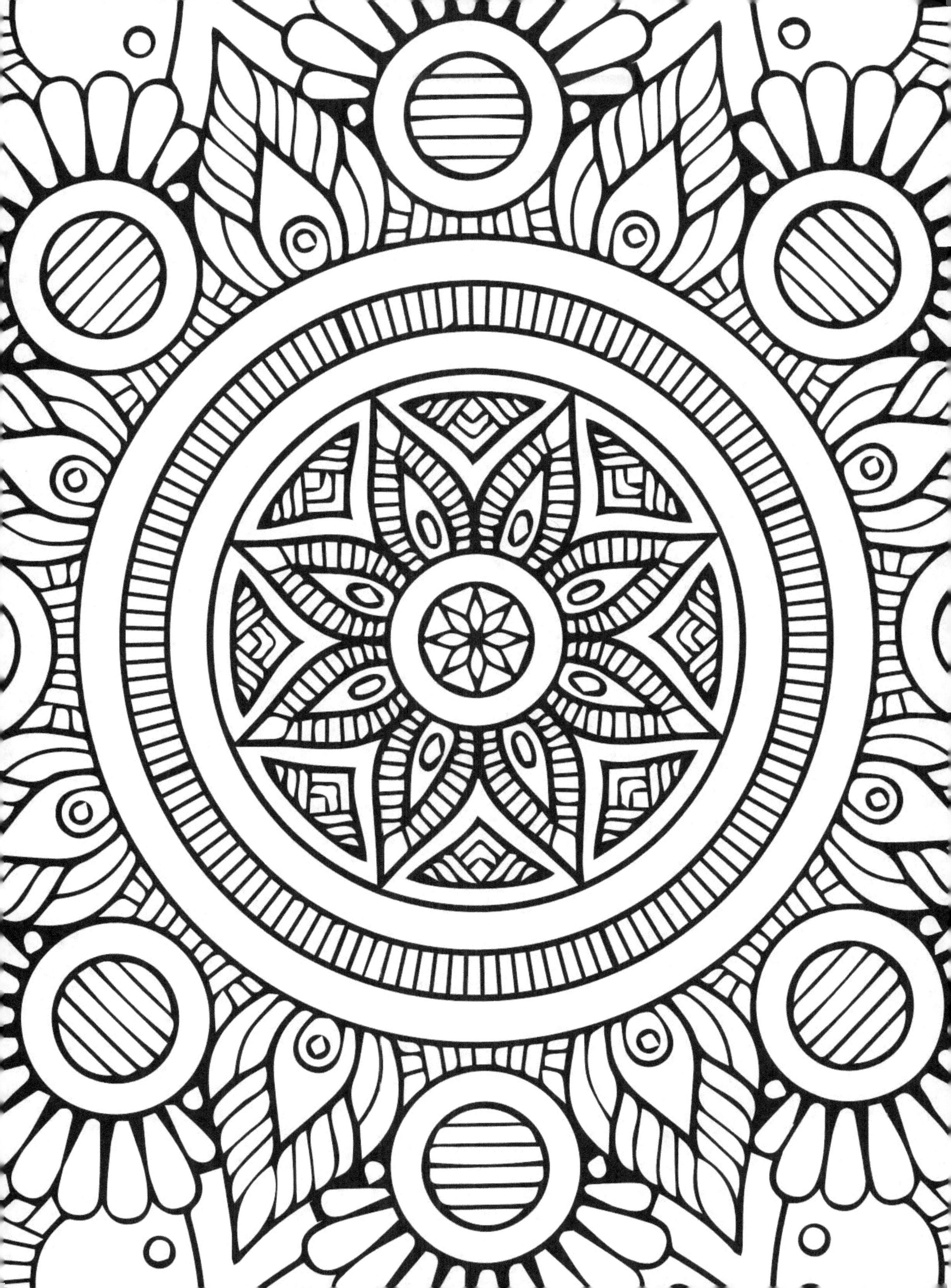

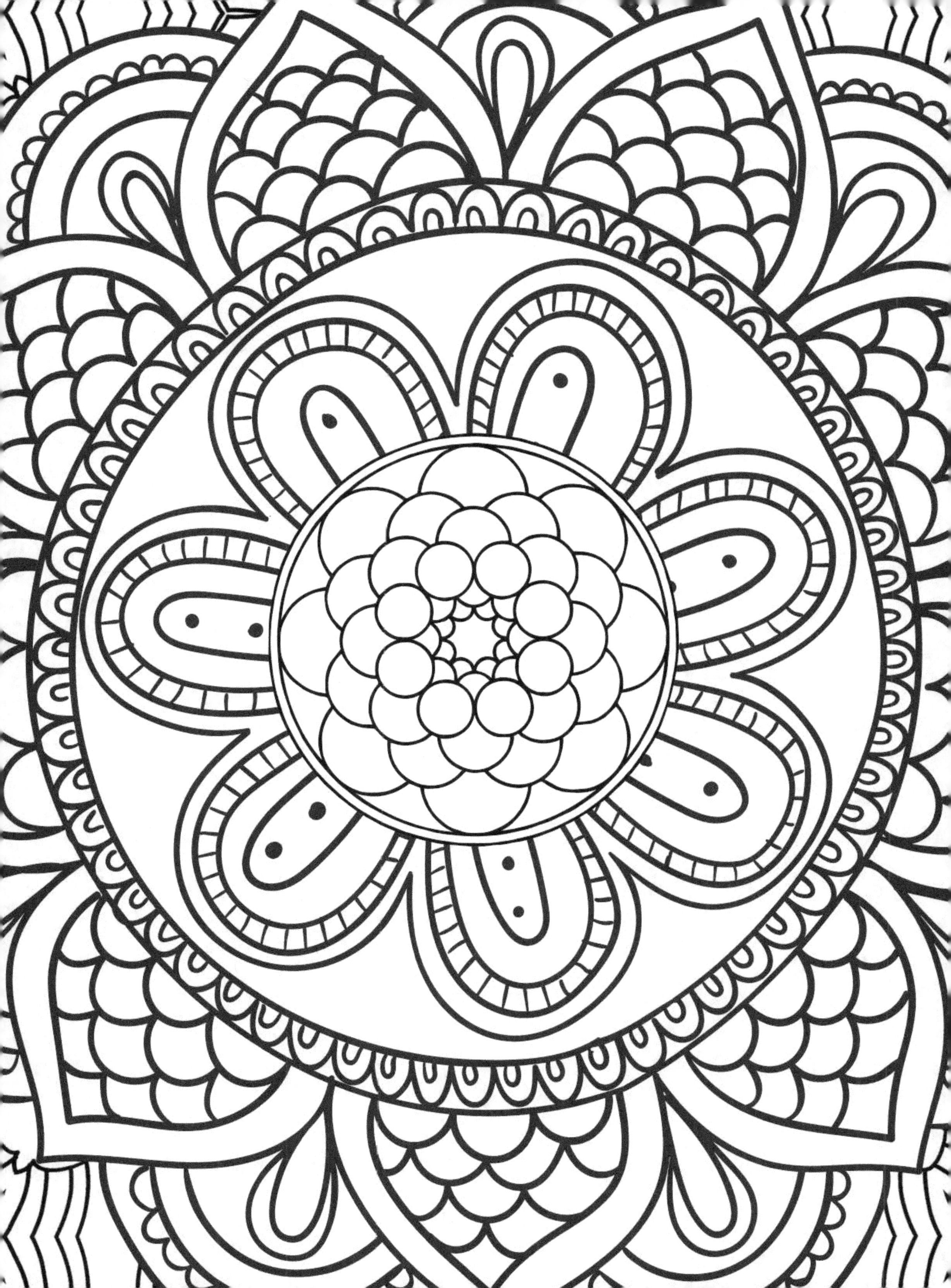

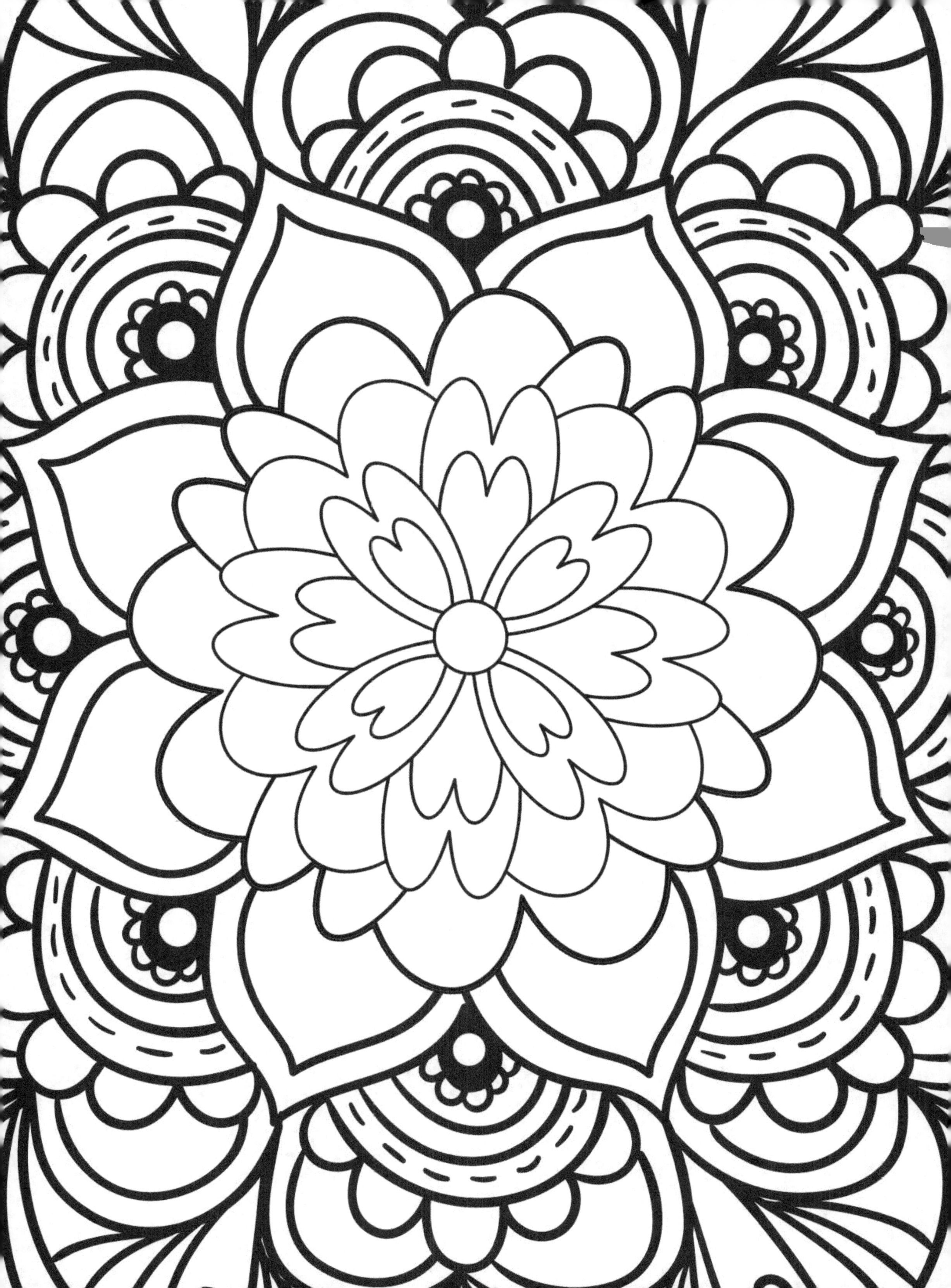

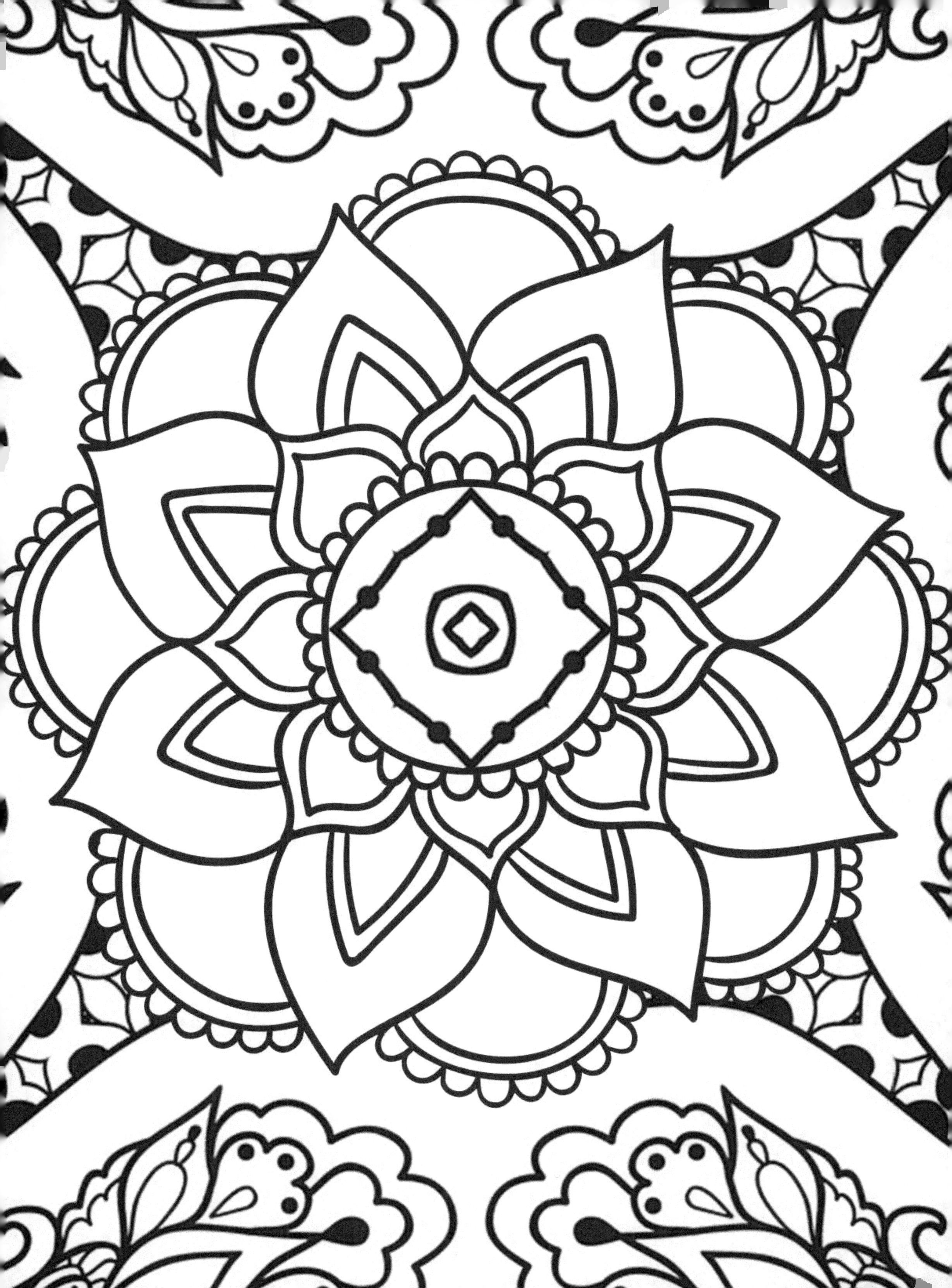

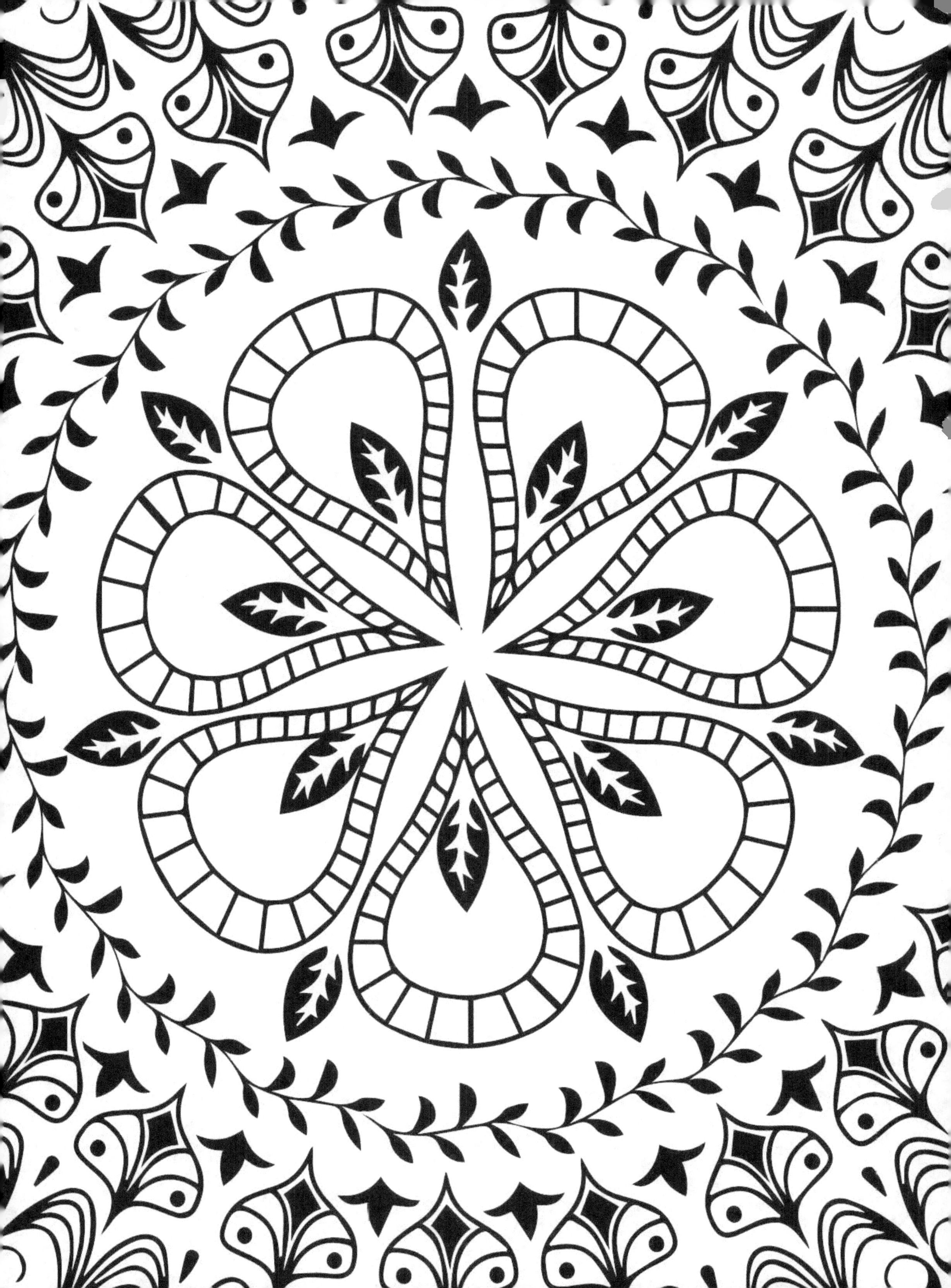

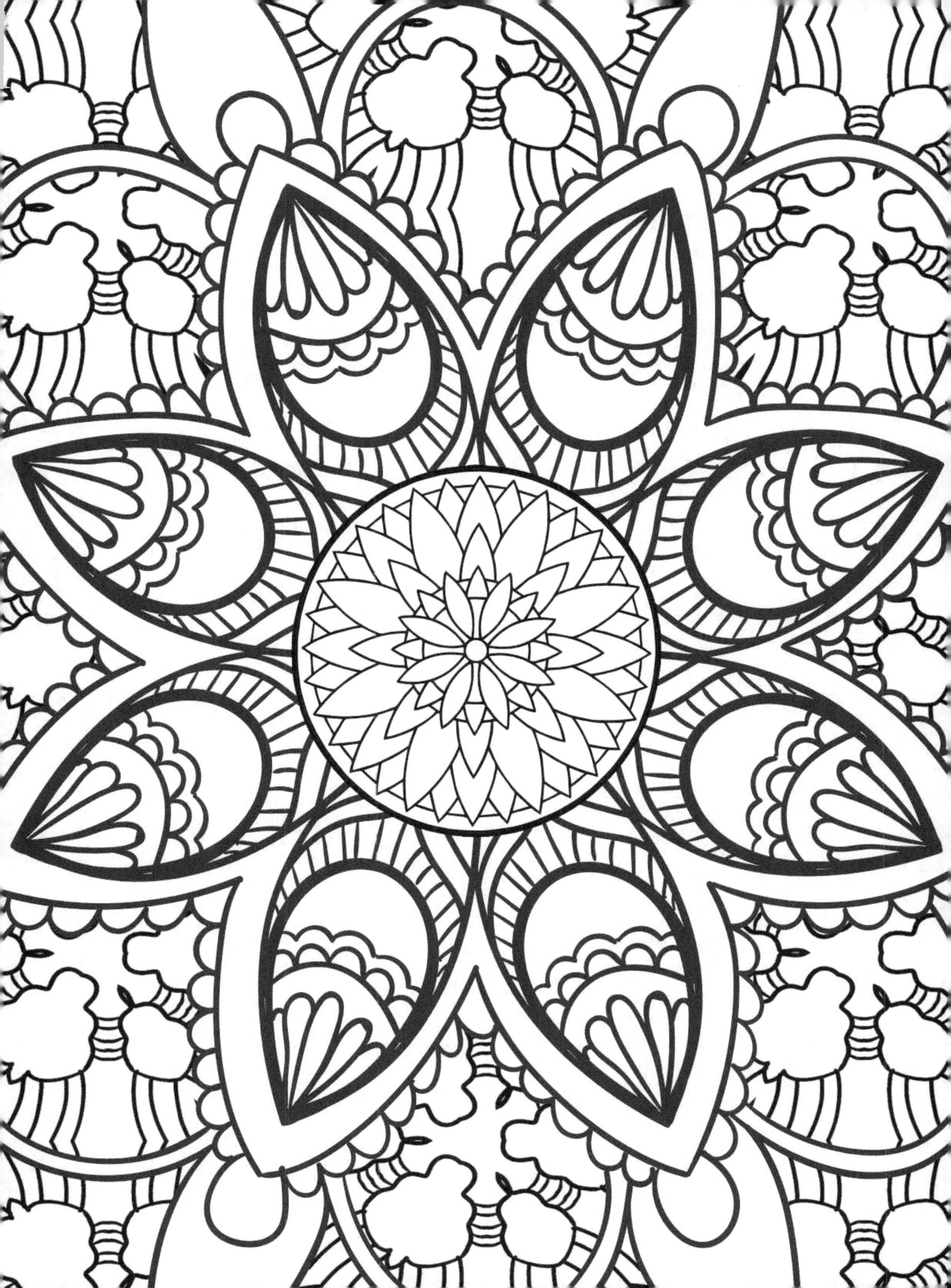